홍사중의
메멘토 모리

홍사중의
메멘토 모리

홍사중 지음

Memento mori

이다미디어

아름답게
늙는다는 것

"당신도 어느덧 80세가 되고, 더구나 팔순 잔치를 파리에서 한다는 기쁜 소식을 들었답니다. 당신한테 진심으로 사랑과 감사와 축하를 보냅니다. 지금도 제 마음속에는 파리의 하늘과 파리의 거리들이 아른거립니다.

우리 두 사람은 파리에 빚진 것이 매우 많지요. 우리에게 많은 것을 내어주고 기쁨과 슬픔, 아픔을 함께했던 파리를 우리는 사랑하지요.

지금이라도 파리로 날아가 당신과 함께 웃으면서, 파리가 우리 가슴속에 일으키는 추억을 다시 불러 모아 그 거리를 걷고 싶네요. 당신과의 시간들이 그립습니다.

늘 바쁜 일로 움직일 수 없는 저로서는 그저 당신이 팔순 잔치를 하러 가신다는 10월의 파리를 상상해보면서 이곳의 소박한 거리를 걸을 수밖에 없네요. 당신과 함께할 파리에서의 시간들이 10월의 투명한 햇살로 축복이 더해지기를 바랍니다.

제가 처음 파리라는 멋진 도시를 알게 된 것은 1893년 10월이었답니다. 저를 대신하여 파리의 우리 친구들에게 저의 인사를 전해주세요. 언제나 그립고 다정한 우리 친구들이 당신과 함께 지낸다고 생각하니 부럽기만 합니다. 당신에게 저의 작은 마음을 전합니다."

이 글은 알베르트 슈바이처가 그의 오랜 친구였던 20세기 최고의 첼리스트 파블로 카잘스에게 보낸 편지의 일부이다. 서로 음악을 사랑하고 교류했던 그들은 세상의 누구보다도 아름다운 정을 나눈 것으로 알려져 있다. 노년에 정말 이런 벗을 둔다는 것은 서로에게 아주 큰 복이다.

앞으로의 내게 이런 벗과의 시간이 얼마나 남아 있을지 스스로 생각에 잠긴다. 또한 사람이 아름답게 죽는다는 것은 어떤 것일까에 대해서도 가만히 생각해본다. 노년을 아름답게 삶을 마친다는 것은 여간 어려운 일이 아니다.

그러나 그보다 더 어려운 것은 앙드레 지드의 말처럼 아름답게 늙어가는 일이다. 아름답게 늙어가기란 얼마나 어려운 일인가?

노년의 시간을 어떻게 보내야 하는 것일까?

우리나라는 2016년에 노령화지수가 이미 100%를 돌파했다고 한다. 노령화 지수는 유소년층(0~14세)의 인구에 대한 노년층(65세 이상)의 인구 비율을 나타낸 수치인데, 결론은 지금 아이들보다 노인이 점점 더 많아지고 있다는 소리이다.

물론 노령 인구는 다른 선진국들에 비해 아직 적다지만, 베이비부머가 본격적으로 노령 인구에 진입하게 되면 문제가 달라질 것으로 예상되고 있다. 겁이 나는 일이기도 하다.

한국인의 기대 수명은 82.7세인데, 장차 120세까지 늘어날 가능성이 있다고 한다. 이 또한 늙어가는 입장에서는 부담스럽고 신경이 쓰이는 일이다. 자식들한테 누가 되지 않도록 조용하고 깨끗하게 살다 떠나야 하는데 그런 소망이 의지만으로 가능할 것인가 싶어서이다.

그렇다면 노년의 시간을 우리 노인들은 어떻게 보내야 하는 것일까? 가난, 고독, 각종 질환과 절망에 둘러싸인 노년층의 미래는 나부터도 암담하다.

언젠가 미국 메릴랜드 대학교 고령화문제센터에서 어린이 그림 책들에 나타난 노인상을 조사한 적이 있다. 그러자 노인은 싫다, 잔소리가 많다, 낡아빠졌다, 병들어 있다, 귀찮게 한다, 누추하다, 청승맞다는 표현이 대부분이었다. 어린이들에게 직접 물어본 설문에서도 똑같은 결과가 나타났다. 집안의 노인이 존경을 받는다는 그런 소리는 이제 꿈과 같은 이야기일 뿐이다. 그렇다면 잘 늙어야 하지 않을까? 정말 우리도 이제부터는 정신적으로나 육체적으로나 추하지 않은 노년 생활을 위해 여러 가지를 모색해야 할 것 같다.

미국과 같은 나라는 늙어서 살기가 더 좋은 나라이다. 사회생활에서 은퇴한 노부부가 다정하게 손을 잡고 다니는 모습이 참 좋아 보이고 아주 편해 보인다. 연금 등으로 미리 자신의 노년을 준비한 사람들이 많기 때문이다.

반면 우리나라는 부모가 자식들한테 은근히 희생하고 다 내줘야 하는 분위기라서 자신의 노년을 미처 준비하지 못한 사람들이 주변에 많다. 그래서 주변에서 마음 아픈 일도 많이 일어나고 불화하는 것을 자주 본다.

마지막 가는 길의 모습들

노인으로서의 올바른 마음가짐이나 삶에 대한 태도는 사실 하루아침에 갑자기 툭 떨어지는 것이 아니다. 미리 계획하고 생각하면서 생긴 자기만의 철학에서 나오는 것이다. 분명한 것은 가난하고 비루한 노인으로 전락하지 않기 위해 각자 노력을 해야한다는 것, 그리고 그런 자립이 자신을 위한 길이라는 사실을 알아야 한다는 것이다.

진정으로 죽음이란 무엇인가라고 할 때, 과학적으로 단순하게 말하면 심장이 멈출 때라고 말해야 할 것이다. 살아갈 힘을 잃었을 때라고 말하는 사람도 있을 것이다. 또한 사랑하는 사람들은 사랑을 잃었을 때라고 말할 것이다. 이렇게 죽음에 대한 단상과 풀이는 사람에 따라 다르지만 죽음을 두려워하는 것은 누구나 같을 것이다.

각양각색의 색깔과 모양의 옷을 입은 이 지구상의 모든 인종들이 등장하고 사라지는 빌 비올라의 비디오 작품 〈의식〉을 보면 그 속에서 우리에게 남은 길을 생각할 수 있을 것이다.

낡은 인간들이 등상하고 퇴상하는 모습 속에는 온갖 겁먹은 표정들이 담겨 있다. 그런 대열 속에서 갑자기 자기 차례가 되어 당황한 사람, 뒷사람들에게 밀려 어쩔 도리 없이 퇴장하면서도 끝내

아쉽고 안타까워서 뒤따라오는 사람의 손을 놓지 못하다가 할 수 없이 손을 놓치고 돌아서는 사람, 보이지 않을 때까지 눈길을 접지 못하다가 사라지는 군중 속에 묻혀버리는 사람, 멀리서부터 자기의 의지와는 관계없이 어쩔 수 없이 가야 할 길임을 알아챈 사람, 처음에는 놀라고, 그다음에는 당황하다가 끝내 체념하고 합장하는 모습은 처연하기까지 하다.

　가야 하는 그 길은 우리가 누구나 마지막으로 만나야 하는 길이다. 내일이 될지 모레가 될지 모르지만, 그날은 누구나 안타깝고 두렵고 아쉽고 떠나기 싫어도 이 세상을 하직해야 할 것이다. 누구나 한 번은 가야 하는 인생, 나는 그날까지 만사를 느긋하게 욕심 없이 안달하지 않고 살려고 한다.

홍사중

1장

늙는 것도
즐거워라

쉿, 죽음이 우리를
잊었나 보다

18세기 프랑스의 철학자 베르나르 퐁트넬이 죽기 얼마 전 100세에, 같이 늙어가는 친구가 그에게 말했다.

"죽음이 우리를 잊었나 보다."

"쉿!"

이렇게 대답하면서 퐁트넬은 손으로 친구의 입을 막았다.

그토록 오래 살고도 무슨 재미가 남아 있다고? 얼마나 더 오래 살려고 했을까? 사는 게 싫증 나지도 않았나? 아니면 단순히 치매 탓이었을까?

오스트리아의 세계적인 경제학자 루드비히 폰 미제스가 88세가 되었을 때였다. 매일 아침 일어날 때 어떤 기분이 드느냐고 한 기자가 물었다. 듣기에 따라서는 여간 짓궂은 질문이 아니었다. 미제스는 다음과 같이 대답했다.

"그저 놀라움뿐이다(Simply amazed)."

늙는다는 것은 죽음에 한 걸음씩 다가서는 셈이다

별로 내세울 만한 일도 하지 못한 채 어느 사이엔가 여든을 훌쩍 넘은 나는 이따금 산다는 게 무엇인가 하는 회의를 느낄 때가 있다. 살 만큼 산 이제는 하루하루 산다는 게 미제스처럼 신기하게 느껴질 때도 있다.

나와 가장 가까웠던 친구들이 차례로 세상을 떠나기 시작한 지도 10년이 넘는다. 그들은 모두 평소에 나보다 건강했다. 나보다 삶에 대한 의욕도 강했었다. 또 내게 없는 능력의 소유자들이었다. 그런 그들이 세상을 떠난 다음부터 오늘에 이르기까지 나는 무엇을 하며 살아왔는가? 이런 감상에 젖으면서 잠자리에 들 때도 있다.

늙는다는 것은 죽음에 한 걸음씩 다가서는 셈이다. 당연히 이런 저런 감상에 젖기 마련이다. 공자孔子도 70세가 되었을 무렵에 흐르는 강물을 바라보면서 이렇게 영탄에 젖었다.

"흘러간다는 것은 이와 같은 것인가. 시간도 사람도 이 강물처럼 낮이나 밤이나 한때도 멈추지 않고 흘러서 사라져버리는 것인가."

공자는 죽음을 두려워한 것은 결코 아니었다. 삶에 대한 미련 때문도 아니었다. 그는 자기의 이상을 끝내 실현하지 못하고 마는가 하는 탄식이었을 것이다.

공자와 대조가 되는 게 아데나워 초대 독일 수상이다. 그가 90세가 될 무렵에 심한 감기에 걸렸다. 그의 주치의가 치료에 애썼지만 여러 날이 지나도 차도가 보이지 않았다. 아데나워가 역정을 내자 주치의는 항의했다.

"저는 의사일 뿐, 마술사가 아닙니다. 따라서 수상님이 젊음을 되찾게 할 수는 없답니다."

그러자 아데나워 수상이 버럭 소리쳤다.

"언제 내가 젊음을 되찾게 해달라고 그랬나? 난 그저 좀 더 오래 늙게 해달라고만 부탁했을 뿐이지 않은가!"

노인이 누리는
면책특권이 많다?

뻔뻔스러움과 망령 떠는 것의 구별이 매우 어렵다

가만히 생각해보면 늙는다는 것도 그리 나쁘지만은 않다.

우선 지하철도 무한정 공짜로 탈 수가 있다. 전동차 속에도 노인석이 따로 마련되어 있다. 기차도 할인해서 탈 수 있다. 지난번 대선 투표 때도 긴 줄 끝에 서 있으려니까 한 직원이 나를 새치기해서 앞자리에 세워주는 것이었다. 그런데도 항의하는 사람은 아무도 없었다.

웬만한 모임의 자리에서도 노인은 맡아놓고 상석에 앉게 된다. 딴은 공자도 사사로운 자리에서는 상석을 연장자에게 양보했다니까 대단한 우대가 아닌지도 모르겠다. 그래도 모양새를 갖추느라 제법 못 이기는 척하면서 윗자리에 앉는다.

단순히 늙었다는 이유만으로도 '원로' 소리를 들을 수 있고, 또 스스로 원로임을 자부할 수 있는 나라는 우리나라밖에는 없을 것이다. 가히 노인 천국이라 할 만하다.

그러지 않더라도 노인에게는 면책특권(?)이 많다. 우선 복장에 신경을 쓰지 않아서 좋다. 당연한 얘기지만 유행을 따를 필요는 전혀 없다. 물론 남 보기에 너무 초라하다거나, 사람들의 이맛살을 찌푸리게 만들 만큼 요란스럽거나 촌스럽지 않아야 한다는 단서는 붙는다.

웬만한 자리에는 체면치레를 위해 넥타이로 목을 조여 매지 않아도 된다. 당연한 얘기지만 외출할 때마다 거울을 들여다보지 않아도 된다. 그보다도 앞으로 얼마나 더 살겠다고 몇 번 입지도 못할 옷을 위해 공연히 돈을 버리지 않아도 된다. 생활비가 그만큼 절감되니 그 얼마나 좋은가.

세 번째인가 네 번째로 웬만큼 주책을 부리거나 능청을 떨어도 사람들이 눈감아 준다는 것도 여간 고맙지 않다. 고작해야 망령기가 들었는가 보다면서 딱하다는 듯이 이맛살을 살짝 찌푸릴 뿐이다. 천만다행인 것은 뻔뻔스러움과 망령 떠는 것을 가려내기가 매우 어렵다는 사실이다.

처칠이 80세가 넘어서 은퇴한 다음에는 주로 하원의 휴게실에서 소일했다. 어느 날 그는 바지의 아래 단추가 풀려 있는 것도 모르고 소파에 앉아 있었다. 이를 민망스럽게 여긴 사람이 그에게 바지 앞자락이 열려 있다고 알려주었다. 그러자 처칠은 조금도 무안해하지 않고 다음과 같이 말했다.

"새들은 죽은 다음에도 자기 집에서 떨어지지 않는 법이다."

이렇게 능청을 떨었지만 사실은 그는 노망기에 들어서고 있었던 것이다. 그 증세는 이미 그가 76세에 다시 수상이 되었을 때부터 보이고 있었다. 심장, 두뇌, 폐, 눈, 어느 한 곳 성한 데가 없었던 그는 말하는 것도 횡설수설하기 시작했다.

죽을 여유가 없어
오래 산 음악가들

　사람들은 대부분이 오래 살기를 원하는데, 한국인의 기대 수명도 80세 이상으로 올라가 있다. 지난 1989년에 일본의 한 학자가 조사한 결과로는 스님들의 평균 수명이 제일 길었다. 스님 다음으로는 사업가다. 세 번째가 정치인이라고 한다.

　스님이 장수하는 것은 첫째로 물 좋고 공기 맑은 곳에서 살며, 둘째로 수행과 참선으로 스트레스를 풀고 정신의 안정을 유지하기 때문이란다. 셋째는 일체의 소식(小食), 곧 필요 이상의 음식을 먹지 않기 때문이라 했다. 그렇지만 술 마시며 도박까지 일삼는 사이비 승려들은 여기 해당되지 않을 것이다.

　사업가의 장수 이유는 물론 사업욕과 경쟁심에 있다. 정치인들의 장수 이유는 권력에의 집념이나 미련을 버리지 못하는 것이다.

스님이나 정치인에 못지않게 장수하는 음악가들도 많다. 단, 죽기 전까지 연주 활동을 하는 음악가에 한한다. 독일의 피아니스트 바크하우스는 85세에 죽기 7일 전에도 리사이틀을 가졌다. 베르디가 오페라 〈팔스타프〉를 작곡한 것은 80세 때였다. 90세에 죽은 토스카니니가 마지막 공연을 지휘한 것은 87세 때였다.

87세의 토스카니니가 지휘한 마지막 연주회

미국 NBC 방송의 일요음악회는 토스카니니를 위해 만든 오케스트라가 일요일마다 갖는 연주회였다. 따라서 토스카니니가 쏟는 애정은 이만저만 큰 게 아니었다. 그가 87세의 어느 목요일에 다가오는 일요일의 연주회를 위한 연습을 했다. 바그너의 오페라 서곡序曲들을 지휘하고 녹음한 것을 듣고 나서, 이제는 제대로 지휘할 능력을 잃었다는 사실을 자인할 수밖에 없었다.

토요일의 연습 때에도 그는 무대 뒤의 자기 방문을 굳게 닫고 나오지 않았다. 연주회가 열리는 다음 날인 일요일에도 토스카니니의 상태는 조금도 좋아지지 않았다. 단원들도 과연 그가 지휘를 할지 안 할지 알 수가 없어 불안해했다.

보통 연주회 때는 토스카니니가 등장하는 기색이 나면 청중석의 어디선가에서 "조용히"라는 소리가 난다. 그러면 떠들썩하던 청중석이 물을 끼얹은 듯이 기침 소리 하나 없이 조용히 가라앉는다. 이윽고 목 밑까지 단추가 달린 검정 옷을 입은 자그마한 키의 토스카니니가 어정어정 걸어 나와서 지휘대 둘레에 마련된 낮은 보호대에 매달려서 기어오르듯 하며 올라간다.

그리고 단원들을 한번 휙 돌아보고는 지휘봉을 번쩍 들어 올린다. 음악이 시작된다. 그는 연주가 끝날 때까지 몇십 분이든 선 채로 지휘를 한다.

마지막 연주회가 열린 이날도 그는 정시에 지휘대 위에 올라서 끝까지 지휘봉을 휘둘렀다. 지휘를 끝내자 그는 지휘봉을 떨어뜨렸다. 바이올린 주자가 주워서 건네주자 무심한 표정으로 받았다. 평소와 다름없는 우레와 같은 박수가 장내를 진동했지만 그는 뒤돌아보지도 않고 그냥 나가버렸다. 이것이 87세의 토스카니니가 지휘한 마지막 연주회였다.

이미 그는 토요일 연습을 마치고 나서 바로 NBC를 관리하고 있는 미국방송협회의 회장에게 다음과 같이 사의의 글을 써 보냈던 것이다.

"어쩔 수 없이 내 지휘봉을 내려놓고, 나의 오케스트라에 이별을 고할 서글픈 시간이 왔습니다."

아무도 언제까지나 젊을 수는 없다. 조금도 미련 없이 세상을 떠날 수 있는 사람도 드물다. 그러나 토스카니니는 조금도 한이 없었을 것이다. 그리고 또 그는 끝내 노추老醜한 모습을 보이지 않았다.

"이제 남은 인생의 즐거움은 무엇입니까?"

프랑스의 명지휘자 피에르 몽퇴가 89세 생일을 맞아 가진 BBC 방송과의 인터뷰에서 다음과 같은 질문을 받았다.

"이제 남은 인생의 즐거움은 무엇입니까?"

그는 다음과 같이 대답했다.

"나는 아직도 변함없는 열정을 가지고 있는 게 두 가지 있습니다. 하나는 모형 기차이다. 또 하나는, (여기서 잠시 머뭇거리다가)… 그건 여성입니다. 그런데 이 나이가 되고 보니 모형 기차를 가지고 놀기에는 좀 너무 늙었다는 생각이 드네요."

그가 일본에서 연주회를 가진 것은 89세에 죽기 1년 전 일이었다. 95세에 죽은 지휘자 귄터 반트가 세계적인 명성을 얻기 시작한 것은 80세가 지난 후였다. 역시 95세까지 산 피아니스트 루빈스타인이 해외에 가서 독주회를 가진 것은 79세 때였다. 97세에 세상을 떠난 세기의 첼리스트 파블로 카잘스가 유엔에서 평화를 기원하는 독주회를 가진 것은 92세 때였다. 한마디로 그들은 모두 죽을 여유가 없었기 때문에 오래 살았노라고 말해야 할까.

늙는다는 것은
즐거운 일이다

노인들에게는 또 하나 비장의 무기가 있다. 가령 주위에서 누군가가 듣기 싫은 소리를 한다고 하자. 그런 때에 한해서 귀가 멀기도 한다. 들려도 안 들리는 척하고 딴청을 부리면 된다.

늙으면 청력이 떨어지는 것은 사실이다.

얼마 전에 귀에 이상이 있는 듯해서 전문의의 진찰을 받았더니 비교적 청력이 좋다는 것이었다. 그러나 의사는 "노인치고는"이라는 단서를 붙였다. 이상하게도 늙으면 듣기 싫은 소리는 안 들린다. 그러면서도 나를 흥보는 듯한 말은 신통하게도 잘 들린다. 그러니까 노인의 귀는 매우 편리하게 좋아졌다 나빠졌다 하는 마술을 부린다.

그런 줄도 모르고 노인이 못 듣는 줄 알고 흉을 보다 낭패를 보는 경우도 많다. 신기하게도 경우에 따라, 또는 화제에 따라 잘 들리기도 하고 안 들리기도 하는 것이다. 늙은 아버지들은 이런 것을 역이용하면 된다. 그래도 자식들은 이러지도 못하고 저러지도 못한다. 그들은 아버지가 능청을 떨든 어리광을 부리든 고집을 피우든 항상 아버지의 뜻을 따르는 척이라도 하는 게 상책이라고 생각한다.

늙으면 뻔뻔스러워지고 능청스러워질 수 있다

늙은 아비들의 잔재주는 또 있다. 자식들의 발걸음이 뜸해져서 은근히 서운하다고 하자. 그런 때 전화라도 걸려오면 "요새 좀 몸이 좋지 않아서"라고 다 죽어가는 시늉을 한다. 자식들은 아버지가 정말로 편찮은 것인지 단순한 연기인지 분간하기가 힘들다. 그래서 가족 중의 누군가 음식이든 과일이든 사 들고 달려올 수밖에 없다.

참으로 늙으면 어린애와 같아진다고 하지만 늙은 아비와 자식들 간에는 눈에 보이지 않는 두뇌 게임이 벌어진다. 그렇지만 머릿속에 구렁이가 열 마리 들어앉아 있는 늙은이를 젊은이들이 당해내기는 어려울 것이다.

늙으면 또 얼마든지 뻔뻔스러워지고 능청스러워질 수가 있다. 얼마 전에 한 음식점에서 식사를 하는데 김치가 매우 맛이 있었다. 그래서 종업원에게 김치 좀 얻을 수 없겠느냐고 물었다. 종업원은 다른 동료들과 구석에서 수군거리더니 비닐봉지에 김치 반 포기 정도를 싸주면서 그냥 가지고 가시라는 것이었다. 공짜로 얻은 김치 봉지를 들고 의기양양해서 나오는 나를 아들은 민망스러움과 어이없음과 부끄러움이 뒤섞인 착잡한 표정으로 물끄러미 바라보기만 했다.

요새는 또 하나 재미가 늘었다. 재래시장에서 물건을 사면서 흥정을 하고 값을 깎는 것이 여간 즐겁지 않다. 이러다가는 편의점에서도 값을 깎겠다며 망신살을 자초하게 될지도 모르겠다.

참으로 늙는다는 것도 즐거운 일이다. 모든 게 생각하기 나름이다.

부는 충분하다는 것을
아는 데 있다

정상에 오른 항룡은 반드시 후회한다

우리는 꽉 찬 숫자라면서 10을 제일 좋아한다. 중국에서는 적어도 옛날에는 10보다 9를 더 좋아했다. 부귀영화의 절정에 오르고 나면 내리막길밖에 없다고 여기기 때문이다. 이런 것도 지족知足의 계에서 나왔다.

《역경易經》에서는 '항룡유회亢龍有悔'라고 가르치고 있다. 정상까지 올라간 용을 항룡이라고 한다. 그런 용은 틀림없이 나중에 후회한다는 것이다. 오르고 있을 때에는 비록 고생스럽다고 해도 신바람도 나고 보람도 느끼고 즐거움도 있다. 그러나 다 오르고 나면 허망하기도 하고 떨어지지나 않을까 하는 걱정도 생긴다. 하늘 위로 다 올라간 용은 더 이상 오를 수가 없으니까 내려가는 수밖에 없을 것이다.

그럴 바에야 차라리 다 올라가지 않는 게 좋을 걸 그랬다고 후회한다는 것이 '항룡의 후회'이다. 그러니까 부귀영화의 절정에 오를 때를 조심하라는 뜻이다. 그러나 올라가 보지도 않고, 또는 올라가 보려고 노력해보지도 않고 올라가는 것을 단념하는 것처럼 어리석은 짓도 없을 것이다.

안지추顔之推는 《안씨가훈顔氏家訓》에서 이렇게 말했다.

"우주도 그 끝까지 갈 수는 있지만 사람의 마음은 어디까지 가도 만족할 줄을 모른다. 따라서 되도록 욕망을 누르고 만족할 줄을 알고 단단히 한도를 지킬 필요가 있다."

내가 어렸을 때 배운 《명심보감明心寶鑑》에도 비슷한 말이 나온다.

"족할 줄을 아는 사람은 비천해도 즐겁고, 족할 줄을 알지 못하는 사람은 부귀해도 근심이 떠나지 않는다. 족할 줄을 알고 있으면 평생토록 욕보는 일은 없을 것이며, 그칠 바를 알고 항상 그치면 평생토록 부끄럼을 당하는 일도 없을 것이다."

욕심이 많은 인간은 만족할 줄을 모른다

자장子張은 공자가 오랜 망명 생활을 끝내고 노나라로 돌아온 다음에 입문한 제자 중의 한 사람이다. 그는 머리가 뛰어나게 좋았다. 그리고 영리한 사람에게 흔히 있는 결점이지만 말을 너무 가볍게 하고 이해타산에 능했다.

한편 자하子夏는 문학에 뛰어나고 공자가 아끼는 제자였다. 이 두 제자를 비교하면서 공자는 이렇게 말했다.

"자장의 재지才智는 지나치다. 자하는 너무 고지식하고 그릇이 좀 작다. 지나침은 부족함이나 마찬가지로 바람직하지 않다. 모든 일에는 중용이 있어야 한다."

사람들은 너 나 할 것 없이 입만 열면 "분수를 알자", "분수를 지키자"라고 말한다. 그리고 분수에 맞지 않게 사는 듯한 사람을 보면 "분수를 모른다"라고 흉본다. 동양 사람만 그런 게 아니다. 서양 사람도 마찬가지이다. 약육강식의 난세에 살아남는 법을 가르친 마키아벨리도 "중간 정도의 승리로 만족하는 사람은 늘 승자로 있을 수 있다"라고 말했다.

한나라의 유향劉向이 엮어낸 《설원說苑》에는 '지족자부知足者富'라는 말이 나온다. '부는 충분하다는 것을 아는 데 있다'라는 뜻이다. 이 말은 부 자체를 부정한다는 것이 아니다. 그저 이만하면 충분히 살 만큼은 돈을 가지고 있으며, 더 이상은 바랄 필요가 없다는 것이다.

　문제는 '이만하면 충분히 가지고 있다'라는 것은 어디까지나 주관적인 판단에 따른다는 데 있다. 다른 사람이 볼 때에는 그만하면 충분한 재산을 가지고 있는 듯한데 욕심이 많아서인지 그래도 돈을 더 모아야 한다고 여기는 사람이 있다. 국산 소형차를 타는 것으로도 충분한데 분수에 어울리지 않게 외제차를 탐낸다면 자족을 모르는 사람임에 틀림없다.

　"욕심이 많은 인간은 만족할 줄을 모른다. 보통 사람도 그렇게까지 욕심 부리지는 않는다 해도 역시 남이 몸에 갖추고 있는 것을 보면 탐내게 되는 것이 인지상정이다. 이것도 일종의 병이라할 만하다."

　이것은 남송南宋의 대표적인 시인 육유陸游의 말이다.

100세 시대는
바람직한 일인가?

못된 놈일수록 오래, 잘산다는 말도 있지 않는가?

"오래 사십시오."

손아랫사람들이 윗사람에게 흔히 이런 인사를 한다. 물론 좋은 뜻으로 하는 말이다. 그렇지만 그게 더 오래 즐겁게 살라고 축원하는 덕담이 아니라 악담으로 받아들여지는 경우도 있다.

가령 내가 불치의 병에 걸려서 매일매일 고통스레 지내고 있다면? 또는 '더 이상 무슨 재미로 살아가라는 말인가'라면서 자신의 앞날에 대해 비관에 빠져 있다면?

요즘 인간이 100세까지 살 수 있게 되는 날이 머지않았다느니,

우리나라의 기대 수명이 80세를 넘어섰다느니 하는 기사가 심심치 않게 나온다. 물론 인간이나 사회에 좋은 현상이라는 뜻이 담겨 있겠지만, 정말로 수명이 길어지는 게 좋기만 한 것일까? 나도 요즘에는 사람이 오래 산다는 게 정말로 바람직한 일인지에 대해 회의를 느낄 때가 많기 때문이다. 못된 놈일수록 오래, 그것도 잘 산다는 말도 있지 않는가?

석가는 인간의 노병사老病死를 대하는 태도를 4가지 종류의 말에 비유해 설명한다.

1. 기사가 들고 있는 회초리의 그림자만 봐도 달리기 시작하는 말.
2. 회초리가 자기 털이나 몸에 닿으면 달리기 시작하는 말.
3. 회초리로 맞으면 달리기 시작하는 말.
4. 회초리로 맞을 만큼 맞은 다음에야 느릿느릿 달리기 시작하는 말.

1은 남의 노병사 얘기를 듣기만 해도 자기에게도 닥쳐온다고 당장에 이해하는 사람.

2는 남의 얘기를 들어도 실감하지 못하지만 친근한 사람의 노병사를 보고 이해하는 사람.

3은 친족의 노병사를 보고 비로소 자기에게도 찾아올 것이라 이해할 수 있는 사람.

4는 자기에게 노병사가 다가온 다음에야 간신히 이해할 수 있는
사람.

인간의 삶에서 중요한 것은 양이 아니라 질이다

중국의 춘추전국 시대에 이런 얘기가 있었다. 양자楊子에게 한
제자가 물었다.

"불사不死를 원하는 사람에 대해서 선생님은 어떻게 생각하십니
까?"

양자가 이렇게 대답했다.

"이치로 봐서 불사라는 것은 있을 수 없다."

"그렇다면 언제까지나 살기를 원한다는 것은 어떻게 생각하십
니까?"

"이치로 봐서 사람은 언제까지나 살아가지 못하는 법이다. 아무
리 생명을 귀하게 여긴다 해도 마냥 튼튼해지는 것도 아니다. 그
리고 또 오래 살아서 어쩌자는 것이냐. 일백 살을 산다 해도 지겨
울 판인데, 언제까지나 살면서 괴로워한다면 그 또한 얼마나 딱한
일이겠느냐."

제자가 되물었다.

"그렇다면 차라리 일찌감치 죽어버리는 게 장생하는 것보다 좋다는 얘기가 되지 않습니까?"

양자가 말했다.

"그렇지 않다. 태어난 다음에는 공연한 짓은 하지 말고 그냥 모든 것을 자연의 흐름에 맡기고 자기가 하고 싶은 대로 처신하고 조용히 죽음을 기다리면 된다. 죽음이 오는 것이 빠르냐 늦으냐 하는 따위가 무슨 문제가 되겠는가."

양자의 말에서 노자의 자연무위의 사상을 연상할 수도 있다. 인생이란 게 덮어놓고 오래 살기만 한다고 해서 좋은 것은 아니지 않은가. 얼마나 오래 사느냐보다는 얼마나 보람 있게 사느냐가 중요하다는 뜻이다. 인간의 삶에서 중요한 것은 양이 아니라 질이다.

2장

장수에 이르는 길

100세 100타의
에이지 슈터가 되련다

죽기 전에 단 한 번만이라도 에이지 슈터가 되고 싶다

80세가 된 일본의 한 노인이 새해를 맞아 절에 가서 "제발 백 세까지 살 수 있도록 해주십시오"라고 빌었다. 살 만큼 살았는데 얼마나 더 망령을 떨다 죽으려고 그러느냐고 그의 친구가 빈정거렸다. 그는 정색을 하고 다음과 같이 대답했다.

"그런 게 아니라 나는 그저 죽기 전에 단 한 번만이라도 에이지 슈터가 되고 싶을 뿐이다."

골프의 18홀 경기에서 자신의 나이와 같거나 더 적은 스코어를 기록하는 골퍼를 에이지 슈터라고 부른다. 100세에 100타만 치면 에이지 슈터가 되지 않겠느냐는 것이다. 그의 계산법대로라면 나도 잘하면 100세까지는 에이지 슈팅을 할 수 있는 기회가 생길지도 모른다. 물론 그때까지 건강하게 잘 살 수 있다는 가정에서 나온 꿈같은 얘기일 뿐이다.

그러나 내가 사는 '클래식 500'에서 발간하는 잡지에 85세의 나이에 에이지 슈터가 된 분의 이야기가 실렸던 적이 있다. 물론 나에게는 어림도 없는 일이다. 우선 에이지 슈터가 되려면 평소부터 골프 솜씨가 보통은 넘어야 한다. 80대 초반은 고사하고 90타를 센 기억도 별로 없는 나에게는 꿈같은 얘기이다. 그러기에 이만저만 부럽지가 않다.

일본에서는 50세 이후는 시니어senior, 60세 이후는 실버 시니어silver senior, 70세 이상이 되면 골드 시니어gold senior라고 한다. 그러자 70대와 80대를 한 묶음으로 묶는 것은 사자와 조랑말을 한 울타리 안에 넣는 것과 같다는 항의가 나왔다. 그래서 80세 이상을 위해 슈퍼 골드super gold라는 연령대를 새로 마련하기로 했다는 것이다. 그만큼 80세가 넘어서까지 골프를 즐길 수 있는 고령자가 많다는 얘기가 된다. 그리고 그런 슈퍼 골드 골퍼들이 한 번쯤 꿈꾸어보는 게 에이지 슈터임에는 틀림이 없다.

우리나라에서는 대통령은 아무나 될 수 있고, 또 자신도 대통령이 될 수 있다는 엉뚱한 착각에 사로잡힌 사람들도 많다. 하지만 에이지 슈터는 아무나 될 수 있는 게 아니다. 에이지 슈터가 되면 환갑보다 더 경사스러운 만큼 여기저기 자축 잔치를 하는 비용도 만만치 않을 것이다.

무엇보다도 중요한 것은 어떻게 하면 80세가 넘어서까지 다른 사람들과 어울려서 골프를 칠 수 있겠느냐는 점이다. 그것도 정신 적으로나 육체적으로나 건강하게 골프를 계속 칠 수 있다는 것은 여간 어려운 일이 아닐 것이다.

인생이란 그냥 즐겁게 살기만 하면 되지

이런 얘기가 있다. 드라이버의 비거리로는 한때 세계 넘버원이 라는 소리를 듣던 마이크 수착이 오하이오주의 한 자선 골프대회 에서 70세가 훨씬 넘어 보이는 지방 유지 3명과 짝지어 플레이를 하게 되었다.

게임을 하면서 농담을 할 정도로 제법 친숙해지자 노인 중의 한 사람이 마이크에게 장수의 비결을 가르쳐주겠다고 말했다.

"자연식품 이외에는 절대로 아무것도 먹지 마라. 그러면 건강하 게 오래 산다."

그러자 또 한 노인이 그것만으로는 안 된다고 말했다.

"정말로 장수를 하고 싶다면 술, 담배, 여자, 노름 따위는 근처에도 가지 말아야 한다."

마이크는 또 한 노인은 무슨 말을 할지 궁금해졌다. 그런데 그 노인은 노기 어린 표정으로 무언가 투덜거리고 있었다. 나지막한 소리로 혼자 중얼거리기만 했다. 가만히 들으니까 다음과 같은 말이었다.

"저 늙은것들이 헛소리를 늘어놓고 있구먼."

그러고는 곁에 있는 마이크에게 이렇게 말했다.

"이것 보게 젊은이. 저 늙은이들의 잠꼬대 같은 소리란 조금도 귀담아듣지를 말게. 인생이란 그냥 즐겁게 살기만 하면 되지. 술도 마시고 노름도 하고 때로는 여자들을 껴안고 밤새껏 즐기는 것도 좋지. 이런 게 사나이의 인생이라는 거야. 그저 굵게 살란 말이야. 하하하."

그러고는 늙은이답지 않은 너털웃음을 하는 것이었다.

마이크가 조심스레 노인에게 나이를 물었다.

"내 나이? 이제 막 스물이 됐네."

골프대회가 끝난 후에 마이크는 사람들에게 "나는 오늘 일생 최고의 골퍼를 만났다. 잊지 못할 하루였다"라고 되풀이해서 말했다.

의사들의 말로는 80세가 넘도록 골프를 칠 수 있을 만큼 육체적으로 건강해지는 것도 다음과 같은 건강십훈健康十訓을 지켜나간다면 그리 어렵지 않다.

1. 소육다채少肉多菜 – 고기를 덜 먹고 야채를 많이 먹어라.

2. 소염다초少鹽多酢 – 소금을 덜 먹고 초를 많이 먹어라.

3. 소당다과당少糖多果糖 – 설탕을 덜 먹고 과일을 많이 먹어라.

4. 소식다작小食多嚼 – 음식을 덜 먹고 많이 씹어라.

5. 소차다보少車多步 – 차를 덜 타고 많이 걸어라.

6. 소의다욕少衣多浴 – 옷을 덜 입고 목욕을 많이 해라.

7. 소번다면少煩多眠 – 번거로운 생각을 덜 하고 많이 자라.

8. 소노다소少怒多笑 – 화를 덜 내고 많이 웃어라.

9. 소욕다시少欲多施 – 욕심을 덜 내고 많이 베풀어라

10. 소언다행少言多行 – 말을 덜 하고 행동을 많이 해라.

장수의 비결은
'근면'에 있다

우리나라에는 '9988234'라는 유행어가 있다

소크라테스가 옥중에서 처형을 기다리고 있던 어느 날이었다. 친구 크리톤이 찾아와서 탈옥하라고 권했다. 소크라테스는 이를 거부하면서 말했다.

"소중한 것, 좋은 것이란 단순히 살아남는다는 것과는 전혀 다른 문제이다. 자기가 어떤 인간이냐는 것을 제쳐놓고, 그저 자기 목숨을 이어나가기만 한다는 것은 전혀 사람다운 일이 아니다."

소크라테스는 이어서 말했다.

"인간은 누구나 언젠가는 죽기 마련이다. 따라서 우리가 명심해야 할 것은 죽음을 면하려 해서는 안 된다는 점이다. 살아 있는 동안 어떻게 보다 더 잘 살아가느냐가 가장 중요하다."

이와 비슷한 말을 남긴 사람들은 많다. 링컨도 다음과 같이 말했다.

"얼마나 오래 살았느냐가 아니라 어떻게 살았느냐가 중요하다."

우리도 평소 취생몽사醉生夢死라는 말을 자주 쓴다. 태어날 때부터 죽을 때까지 마치 술에 취한 듯 꿈을 꾸는 듯한 기분으로 이렇다 할 일도 하지 않고 그저 덧없이 살아가다 후회만 하고 마는 인생을 뜻한다.

비록 짧은 인생이나마, 아니 짧을수록 사람은 더욱 큰 뜻을 가지고 높은 목표를 세우고 여기 도전해나가야 한다. 목표를 달성하지 못해도 좋다. 목표란 노력하라고 세우는 것이다. 비록 목표를 달성하지 못한다 해도 무엇인가 이루려고 스스로 노력했다는 만족감이 남을 것이다. 따라서 덮어놓고 오래 살기만 한다고 좋은 것은 아니다. 소크라테스가 탈옥을 거부하고 죽음을 택한 이유도 이런 데 있었다.

우리나라에는 누가 만들어냈는지 '9988234'라는 유행어가 있다. 99세까지 88(팔팔)하게 살고, 2~3일만 앓다가, 4일째에 죽는다는 게 노인들의 꿈이라는 것이다. 요즘의 불로장수不老長壽란 말은 그냥 오래 사는 게 아니라, 치매에도 걸리지 않고 죽는 날까지 건강하게 산다는 것을 뜻한다. 그 비결은 무엇일까?

"공자님 같은 성인도 비천한 일에 능하셨다"

《걸리버 여행기》의 작가 조녀선 스위프트는 17세기에서 18세기에 걸쳐 78세까지 살았다. 당시로서는 장수를 한 셈이다. 그는 '세상의 3대 명의'의 하나로 부지런히 일하는 '근면'을 꼽았다. 건강하려면 부지런히 일하며 몸을 자주 많이 움직여야 한다는 것이었다. 이 같은 장수의 비결은 동서양이 서로 다르지 않다.

중국 진나라의 도간은 사후에 대사마大司馬에 추증될 만큼 뛰어난 인물이었다. 그가 광주 자사刺史로 있을 때 아침에 1백 개의 동이를 집 밖으로 날랐다가 저녁에 도로 집 안으로 나르는 일과를 만들어서 지켰다. 사람들이 그 까닭을 묻자 자기가 장차 중원에서 큰 힘을 써야 하기 때문에 나태함에 빠지지 않기 위해 스스로를 단련하는 것이라고 설명했다.

우리나라 옛 선비들은 대체로 명이 짧았다. 그것은 손발을 쓰는 육체적인 노동을 모두 천하게 여기고 기피했기 때문이기도 했다. 물론 당시에는 스포츠도 모르고, 근력 운동을 할 수 있는 운동 도구도 없었다. 걷기 운동도 하지 않고 거의 종일토록 책상머리에 앉아 있었으니 하체가 튼튼한 리가 없었다.

그러나 조선 후기의 실학자 연암 박지원은 어느 고을의 군수로 있을 때 흙벽돌을 찍어내는 틀을 만들고, 그 테두리에 다음과 같은 글을 써넣고는 자식들에게 교훈으로 삼도록 했다.

"공자님 같은 성인도 비천한 일에 능하셨고, 도간陶侃처럼 근검한 사람도 벽돌을 나르며 자기 몸을 수고롭게 했다. 너희들은 아이 종을 부려 매일 몇 개의 흙벽돌을 찍어내고, 그것을 몸소 운반하여 햇볕에 말린 후 쌓아두도록 해라. 이 일은 첫째 근육과 뼈를 튼튼하게 하고, 둘째 집을 넓힐 수가 있다. 그러니 좋은 일이 아니겠느냐."

이런 박지원과 같은 선비는 조선에서는 극히 보기 드물었다. 누가 꾸며낸 얘기인지도 모르지만 구한말에 영국대사관에서 대사가 테니스를 치는 것을 보고 "저런 것은 하인을 시키면 되지 않겠느냐?"라며 혀를 찬 양반이 있었다고 한다. 그나마 천만다행이었다고 한다면, 옛 선비들에게는 현대인을 괴롭히는 것과 같은 스트레스는 없었을 것이다. 그들은 그저 육체적인 건강만 조심하면 장수를 할 수 있었던 것이다.

스트레스 없이
장수를 즐기는 법

긴장과 이완을 반복하면서 삶의 균형을 조절하라

현대인은 수많은 걱정거리를 안고 산다. 그중에는 밤잠을 설칠 만큼 심각한 것도 있다. 물론 순간적으로 머리를 스쳐 지나가는 가벼운 것도 있다. 우리가 살아가면서 겪는 그런 걱정거리들 중의 어느 것이 진짜일까? 여기에 대해서 조사한 미국 대학의 심리학 연구팀이 있다. 그 조사 결과를 보면 사람들의 걱정거리 중 40% 가 실제로 일어나지 않는 것들이었다. 공연한 걱정을 그만큼 많이 한다는 것이다.

걱정거리 중의 30%는 이미 과거에 있었던 일에 대한 것이었다.

그러니까 이제 와서 걱정한다고 해결되는 일들이 아니다. 그리고 12%는 남의 일이지, 내게 닥친 걱정거리가 아니다. 쉽게 말해서 쓸데없는 걱정거리들을 끌어안고 살아간다는 것이다. 10%는 병에 관한 걱정거리인데, 그중엔 실제로는 자신이 걸리지도 않은 병에 관해 괜한 걱정을 많이 한다.

이것저것 다 빼고 나면 진짜로 걱정할 만한 것은 8% 정도밖에 되지 않는다. 그러나 그 8% 중에서도 정말로 머리를 싸매고 걱정할 만한 것은 별로 없다는 결론이었다. 그렇다면 우리는 과연 얼마나 공연한 걱정거리를 안고 살아가고 있는 것일까?

공연한 걱정거리든 아니든 우리는 늘 크고 작은 스트레스에 시달리며 살고 있다. 물론 스트레스가 전적으로 나쁘지만은 않다. 오히려 적당히 스트레스를 느끼는 것은 일할 때 집중도를 높이거나 삶에 활력을 불어넣는 효과가 있다.

공자의 말 중에 '일장일이一張一弛'라는 게 있다. 장張은 긴장한다는 뜻이고, 이弛는 이완, 즉 스트레스를 푼다는 것이다. 사람은 마냥 긴장만 하고 있으면 안 된다. 그렇다고 해서 마냥 풀어져 있기만 해도 안 된다. 그러니까 마냥 긴장하고 있지도 말고, 너무 긴장을 푼 상태로 있는 것도 곤란하다는 것이다. 적당한 긴장과 이완을 반복하면서 삶의 균형을 조절하라는 뜻이다.

즐거우니까 웃는 게 아니라 웃으니까 즐거운 것이다

글래스고 대학의 유명한 물리학자 윌리엄 톰슨 교수가 어느 날 조수가 연구의 스트레스로 안색이 몹시 나쁜 것을 발견하고 이렇게 말했다.

"자네는 건강이 매우 나쁜 듯하다. 내가 처방을 써줄 테니 집에 가서 잘 복용해라."

조수가 집에 가서 봉투를 펴보니까 거기에는 짤막하게 다음과 같은 글이 적혀 있었다.

'자연의 회복력 휴식. 이것을 8일간 복용하라.'

'스트레스'란 160년 전에 캐나다의 의학자 한스 셀리에가 발표한 학설로부터 시작되었다. 그가 지적한 스트레스의 원인은 첫째로 소음, 악취 등으로 인한 물리적 스트레스, 둘째가 질병, 수면 부족 등으로 인한 생리적 스트레스, 셋째가 인간관계에서 생기는 불안, 불만 등의 심리적·사회적 스트레스였다.

영국에서 명의 소리를 듣던 후커 박사는 스트레스 없이 장수를 즐길 수 있는 비법을 다음과 같이 가르치고 있다.

1. 자기 자신이 늙었다고 생각하지 말 것. 스스로 늙었다고 생각하면 끝이다.

2. 마음을 젊게 먹으면 몸은 절로 젊어진다. 병도 기氣에서 생긴
   다.

3 앞날에 희망을 가지고, 즐겁게 몇십 년 앞까지 살아갈 계획을
   세워라.

4. 과거는 과거로 묻어버려라. 공연한 것을 추억하며 후회하지
   마라.

5. 만사에 화를 내지 말고 늘 웃으며 살아라.

6. 모든 생각을 정밀하게 하라. 머리를 쓰는 것이 늙음의 최대
   예방책이다.

7. 항상 신선한 공기를 충분히 흡수하라.

8. 돈 문제는 늘 조심하는 게 좋지만, 너무 여기에 사로잡히지는
   마라.

9. 음식은 되도록 담백하게, 그리고 되도록 양을 줄여 먹어라.

10. 마음을 집중할 수 있는 취미를 가져라. 오락도 좋다.

스트레스는 어떻게 받아들이느냐에 따라 플러스 효과를 얻기도
하고, 마이너스 효과를 일으키는 요인이 되기도 한다. 위에 열거
한 열 가지 비결도 한마디로 요약한다면 인생을 즐겁게 살라는 것
이다. 우리나라 속담에도 웃으면 복이 온다는 말이 있다. 즐거우
니까 웃는 게 아니라 웃으니까 즐거운 것이다. 일일일소一日一笑,

일일일락—日—樂이다. 스위프트가 말한 세 가지 명의 중의 하나도 웃음이었다.

셰익스피어는 이렇게 말했다.

"사람은 마음이 즐거우면 종일 걸어도 지치지 않지만, 마음이 무거우면 불과 1킬로미터를 걸어도 지친다. 인생도 이와 같다. 항상 밝고 명랑한 마음가짐으로 살아가는 게 좋다."

공부를 시작하기에
늦은 때란 없다

"지금이 내게 남은 시간 중 가장 젊은 나이"

이런 고사가 있다.

관중管仲이 환공桓公을 따라 소국의 고죽孤竹을 쳐들어갔다. 출병을 시작했을 때는 봄이었는데, 돌아올 때에는 겨울이 되어 추위와 비바람이 심해 행군이 여간 힘들지 않았다. 일행은 산속에서 길을 잃어 방향을 알 수 없게 되었다. 지휘관들이 모여서 제각기 "이쪽이다, 저쪽이다"라고 떠들어대는 것을 가만히 보고 있던 병중의 관중이 "늙은 말을 풀어보아라"라고 작은 소리로 명령했다. 그래서 말 중에서 제일 쓸모가 없는 늙은 말을 풀어주니까 말은 잠시 둘레를 살펴보더니 제 길을 찾아냈는지 천천히 걸어가기 시작했다. 일행은 그 말 뒤를 따라서 무사히 위기를 벗어날 수 있었다. 여기서부터 '노마老馬의 지智'라는 말이 나왔다.

로마 공화국의 가장 존경받는 정치가 중의 한 사람이던 카토는 80세가 되었을 때 그리스어를 배우기 시작했다. 이를 보고 놀란 친구가 늙은 나이에 왜 하필이면 그런 어려운 공부를 시작했느냐고 물었다. 카토는 "지금이 내게 남은 시간 중 가장 젊은 나이"라고 망설임 없이 말했다 .

올리버 웬델 홈스가 대법관 자리에서 물러난 것은 91세 때였다. 그런 후 그의 비서였던 딘 애치슨이 은퇴 후의 그를 위해 책을 읽어주기로 했다. 홈스가 읽어달라고 한 것은 플라톤의 《심포지움》이었다. 애치슨이 왜 하필이면 그런 따분한 책을 골랐느냐고 물었다.

"우리 마음을 향상시키려는 거지."

이게 그의 대답이었다. 이런 얘기는 역사책을 펼쳐보면 수없이 많을 것이다.

영어사전을 외우는 80대 노승의 공부

80세가 넘은 일본의 한 스님은 나날이 귀가 어두워졌다. 한 젊은

이가 와서 "스님, 안녕하십니까?"라고 인사를 하는데도 듣지 못했는지 대답이 없다. 젊은이가 방 안에 들어와서 다시 "안녕하십니까?"라고 말해도 듣지 못했는지 응답이 없다.

젊은이가 가만히 보니까 스님은 책을 펴놓고 읽고 계셨다. 무슨 책인가 하고 다가와서 보니까 스님은 노안경에다 확대경까지 들고 영어사전을 읽고 있는 것이었다. 젊은이는 그만 웃음을 참지 못하고 혼잣말처럼 "너무 뒤늦은 공부를 하시는 게 아닌가요?"라고 말했다.

노승은 이상하게도 큰 소리는 잘 듣지 못하면서도 작은 소리는 잘 들리는 모양이다. 그 소리에 "뭣이 어째?"라고 말하는 것이었다.

"제 말을 들으셨습니까?"

"암, 듣고말고."

그러면서 화를 낼 줄 알았던 노승이 빙그레 웃으면서 말했다.

"너, 참 말 잘했다. 나는 뒤늦은 공부를 하는 거지. 그렇지만 말이다, 살아 있는 동안에 단어를 하나라도 더 배운다면 다시 태어났을 때 그만큼 편해지지 않겠느냐. 그래서 외우려는데 잘 외워지지 않는구나."

이 노승은 90세 가까이 살았다.

몸과 마음을 자극하는
취미를 가져라

"입지에 만년이란 것은 없다"

그냥 오래 살기만 한다는 것은 그리 어려운 일이 아닐 것이다. 조너선 스위프트가 말한 다음과 같은 장수의 비결 세 가지만 잘 지키면 된다.

"세상의 3대 명의는 웃음, 근면, 그리고 휴식의 3가지 박사이다."

그가 살았던 18세기의 영국보다 오늘 우리나라의 노인들이 살아가는 환경이 더 쾌적할 것이다. 이것만으로는 그냥 몸만 건강해질 뿐이다. 노인이 사회적으로 대접받는 것은 오랜 세월에 걸친 경험을 통해 쌓은 지혜 때문이다.

그렇지만 아무리 지혜롭다 해도 흐르는 세월과 함께 항상 새로워지지 않으면 안 된다. 물론 나이를 먹었다고 해서 무조건 지혜로워지는 것은 아니다. 또 무언가를 배우는 데 늦은 나이란 없다.

"입지立志에 만년晚年이란 것은 없다."

이렇게 말한 영국의 정치가 스탠리 볼드윈은 40세가 지나서 정계에 들어가서 두 번이나 수상을 역임했다.

"나는 노년이 되어도 여전히 조금씩 생장生長하도록 힘쓰고 있다. …저 노목에 열매를 맺는 꽃은 아직도 조금씩 생장하고 있단다."

이렇게 미국 시인 롱펠로도 노래했다.

뇌에 자극을 가하면 뇌의 능력이 증진된다

사람은 늙으면 누구나 약해진다. 그렇지만 마음까지 쇠약해지는 것은 아니다. 마음먹기에 따라서는 언제까지나 젊게 살아갈 수도 있다. 전문가들이 특히 권장하는 것은 마음에 적절한 자극을 주는 취미를 가지는 것이다. 뇌에 자극을 가하면 뇌의 활력이 증가되고, 또 뇌세포끼리의 연결이 강화되어 뇌의 능력이 증진된다는 것이다. 읽기와 쓰기를 하는 것도 좋고, 퍼즐을 풀고 게임을 즐기는 것도 좋다.

75세가 넘은 노인이 영하의 추위 속에서 런던의 하이드파크에서 젊은 여성에게 점잖지 않은 접촉을 하려다 체포됐다는 얘기를 듣자 처칠은 껄껄 웃으면서 말했다.

"75세인데도 영하의 추위에 그랬다니! 그가 영국인이라는 것이 자랑스럽다."

이렇게 조크로 웃어넘긴 처칠이 80세 생일에 기념사진을 찍었는데, 사진사가 정중하게 100세에도 사진을 찍을 수 있는 영광을 갖기를 바란다고 말했다. 그러자 처칠은 퉁명스럽게 대꾸했다.

"안 될 건 없지. 내가 보기에 자넨 체격도 단단한데 뭘 걱정하나."

프랑스의 세계적인 가수이자 배우인 모리스 슈발리에가 73세 때였다. 미국의 희극배우 필 실버스와 무대 뒤에서 출연을 기다리고 있는데, 아름다운 쇼걸들이 춤추듯 뛰면서 지나갔다. 그러자 슈발리에가 한숨을 길게 쉬면서 "내가 한 20년만 더 늙었다면……" 하고 한탄했다.

"20년만 더 젊었다면 하는 게 어울리지 않나요?"라고 실버스가 물었다.

"아니다. 내가 스무 살만 더 늙었다면, 저 아가씨들이 내 마음을 이렇게 산란하게 만들지 않을 것이다."

'위대한 반대론자'라는 별명을 받았던 올리버 웬델 홈스 대법관이 87세 때였다. 또 다른 동료와 함께 거닐고 있는데 아름다운 젊은 여성이 지나갔다. 홈스는 그녀의 뒷모습을 돌아보며 한숨 쉬었다.

"아아, 내가 70세로 다시 돌아갈 수만 있다면⋯⋯."

그는 91세까지 현직으로 일했다.

노년의 술은
백해무익인가?

중국에는 주후진언, 한국에는 취중진담이라는 말이 있다

"술을 많이 마신다고 해서 함부로 술주정뱅이라 부르지 마라."

스토아학파의 철학자 에픽테토스는 술을 많이 마신다고 해서 그 사람의 삶을 함부로 속단하지 말라는 경고를 했다. 그는 노예로 태어났으나, 재능을 알아본 주위의 배려로 로마로 유학을 가서 철학자의 삶을 살았다.

우리는 술자리를 서너 번 같이하고 나면 당장 친한 친구가 된다. 술을 마실 때면 그 사람의 모든 것이 잘 드러난다고 여기기 때문일 것이다. 아닌 게 아니라 중국에는 주후진언酒後眞言이라는 말도 있다. 술을 마시면서 속을 털어놓고 얘기를 나눠야 비로소 친구가 된다는 뜻인데, 우리도 취중진담醉中眞談이라는 말이 있다.

사실 평소에는 매우 조심스러워서 좀처럼 자기 속을 털어놓지 않는 사람도 술이 들어가면 굳게 닫았던 마음의 창문을 활짝 열어놓기도 한다. 때문에 사람들은 흔히 술친구라면 흉금을 털어놓는 사이라고 착각하기를 잘한다.

물론 서양에서도 술을 마시는 동안 상대방과의 사이를 가로막던 벽을 헐어버린다고 여긴다. 서로 쌓였던 오해가 술을 마시면서 풀어지는 경우도 많고, 갈등이 심해도 오히려 술자리에서 쉽게 마무리 짓는 경우도 있다.

하지만 술친구처럼 믿기 어려운 사이는 없다는 것도 알아야 한다. 그래서 중국 사람들은 술 몇 잔 나누었다고 해서 마음을 털어놓지 않는다. 물론 쉽게 친구가 되어주지도 않는다. 공자의 75대 직손인 공건孔健에 의하면 중국 사람은 주화삼분酒話三分이라고 해서 취중에도 자기가 알고 있는 것의 3분의 1밖에 말하지 않는다. 그들은 술자리에서 사귄 친구는 참다운 친구가 아니라고 여기기 때문이라고 그런다.

《명심보감》에도 이런 말이 나온다.

"술 마시고 밥 먹을 때의 형제는 천 명이나 있더니만 위급할 때의 벗은 하나도 없다."

그만큼 술은 우리들 마음을 변화무쌍하게 만든다.

노아가 대홍수가 끝난 후에 포도나무를 심으려 하자 악마가 지나가다가 "무엇을 심으려고 하느냐?"라고 물었다. 노아는 포도나무를 심을 것이라고 답했는데, 악마가 다시 말했다.

"포도나무는 어떤 나무를 말하는 것이냐?"

노아는 대답했다.

"포도는 과일인데 매우 달콤하고 또 알맞게 짭짤합니다. 특히 포도를 발효시키면 사람의 마음을 즐겁게 만드는 술이 됩니다."

결국 악마는 그렇게 좋은 것이라면 자신도 도와주겠다면서 염소와 사자와 돼지와 원숭이를 데리고 와서 동물들을 죽인 후 그 피를 포도밭에 뿌렸다. 이런 이유로 사람이 술을 마시면 처음에는 염소처럼 비실거리고, 좀 더 마시면 사자처럼 광폭해지고, 더 마시면 돼지처럼 더러워지고, 또 더 마시면 원숭이처럼 떠들썩해졌다는 이야기도 있다. .

술은 사람을 미치게 만들고 화를 불러오는 근원

한편 퇴계 이황은 이런 말을 하기도 했다.

"술은 사람을 미치게 만들고 화를 불러오는 근원이기도 하다. 많이 마시고 취해 부모도 보살피지 않고 방탕하다 보면 집안을 망칠 뿐만 아니라 다른 사람까지도 망쳐놓게 될 것이다. 그러니 마신다면 하루에 한 잔 정도만 마시는 게 좋다."

그러면서 퇴계는 아들에게 왜 술을 삼가야 하는가를 다음처럼 설명하기도 했다.

"나는 아직까지 술을 많이 마신 적이 없고 내 스스로의 주량이 얼마나 되는지 알지 못한다. 벼슬자리에 오르기 전에 임금님께서 효주를 옥필통玉筆倚에 가득 채워서 하사하시기에 사양하지 못하고 하는 수 없이 다 마시기는 했지만, 속으로 '오늘은 내가 죽는 날이구나' 하고 생각했다. 그런데 그리 심하게 취하지는 않았다. 또 임금님을 모시고 공부를 하던 때에 맛있는 술을 큰 주발로 하나씩 하사받았는데, 다른 학생들은 모두 곤드레만드레가 되어 정신을 잃었지만 나는 끄떡도 없이 독서를 계속할 수 있었다. 퇴근할 때에야 조금 취기가 있었을 뿐이었다. 그런데도 내가 평소에 술을 마실 때 반 잔 이상을 마시는 것을 본 적이 있느냐?

참으로 술맛이란 입술에 적시는 데 있다. 소가 물 마시듯 술을 마시는 사람들이나, 입술이나 혀에는 적시지도 않고 곧장 목구멍에다 탁 털어 넣는 사람들이나 무슨 맛을 알겠느냐. 술을 마시는 정취는 살짝 취하는 데 있는 것이지, 얼굴빛이 홍당무처럼 붉고

구토를 해대고 잠에 곯아떨어져 버린다면 무슨 술 마시는 정취가 있겠느냐. 요컨대 술 마시기 좋아하는 사람들 중에는 병에 걸리기만 하면 폭사하는 사람들이 많다. 술독이 오장육부에 배어 들어가 하루아침에 썩어 들어가면 온몸이 무너지고 만다. 이거야말로 크게 두려워할 일이다.

무릇 나라를 망하게 하고 가정을 파탄 나게 하는 흉악한 행동이 술 때문이었기에 옛날에도 술잔을 조그맣게 만들어 조금씩 마시게 했다. 더러 그러한 술잔을 쓰면서도 절주할 수 없었기 때문에 공자는 유명무실한 게 조그만 술잔이라고 탄식했다는 이야기도 있다."

술은 백 가지 걱정거리를 덜어주는 망우물이라고 불렀다

그런가 하면 음주를 아주 긍정적으로 여긴 사람들도 많다. 저 유명한 〈장진주將進酒〉에서 '만고萬古의 시름을 씻어내려고 연거푸 삼백 항아리의 술을 마신다'라고 읊었던 이백을 보라. 그는 술을 얼마나 좋아했는지, 유배지였던 오강烏江에서 뱃놀이를 하다가 술에 만취해 물에 비친 달을 잡으려다 빠져 죽었다는 전설이 있을 정도이다.

또한 두보는 이런 이백을 두고 주중선酒中仙이라고 불렀을 정도이고, 이백은 스스로를 적선(謫仙 : 지상에 귀양 온 신선)이라고 칭하기도 했다.

도연명도 이 대열에서 결코 빠지지 않는다. 그는 "술은 능히 백 가지 걱정거리를 덜어주는 망우물忘憂物"이라고 불렀으며, 한때 중국에서는 술을 모든 약 중의 최고라고 해서 백약지장百藥之長이라고 부르기도 했다. 특히 도연명이 남긴 주옥과 같은 시는 130편이 넘는데, 그중의 절반에 술이 나온다고 할 정도이다.

공자도 술이 지나쳐서는 안 된다고 말했지만 술을 마시지 말라고는 하지 않았다. 그 자신이 술을 자주 즐기는 편이었던 것 같다. 다만 그는 함부로 아무 데서나 술을 마시지는 않았을 뿐이다. 식성이 매우 까다로워서 그는 시중에서 파는 술은 마시지 않고 항상 집에서 담근 술만 마셨다. 그만큼 진정 술을 즐겼다고도 할 수 있다.

영국의 처칠 수상도 애주가였다고 알려져 있다. 그는 "알코올이 나한테서 빼앗아 간 것보다도 내가 알코올로부터 얻어낸 것이 더 많다는 것만은 자신할 수가 있다"라고 했을 정도로 애주가였다.

그러나 술이 아무리 좋다고 해도 반드시 명심할 일이 있다. 나이를 먹으면서는 술도 조심하고, 보기 흉하게 취해서 젊은이들에게 노추를 보여서는 안 된다는 사실이다. 그러니 알맞게 마시고 절제하면서 술을 즐겨야 될 것 같다.

삶을 즐기는 게
참다운 인간이다

"네놈의 말을 두 번씩이나 들어줄 귀가 나한테는 없다"

공자가 친교를 맺고 있던 유하계柳下季는 뛰어난 학자이자 인격자였다. 그러나 그의 동생 도척은 부하를 9천 명이나 거느리고 있는 천하의 악당 두목이었다.

어느 날 공자가 유하계에게 그의 동생을 찾아가서 마음을 바로 잡도록 설득하겠다고 자청했다. 그리고 유하계의 만류를 뿌리치고 도척을 찾아갔다. 도척은 공자를 보자마자 대뜸 호통을 쳤다.

"만약에 네가 나에게 저승 얘기라도 하겠다면 나도 들어줄 만할 것이다. 그러나 살아 있는 인간에 대해서라면 나는 네놈보다 더 잘 알고 있다. 너에게 인간이란 본시 어떤 것인가를 알려줄 테니 똑똑히 들어라. 인간이란 아름다운 것을 보기 좋아하고, 고운 소리를 듣기 좋아하고, 맛있는 음식을 먹고 싶어 하며, 마음의 욕망을 충족시키고 싶어 한다. 이게 인간의 자연스러운 모습이다.

그런데 사람은 얼마나 오래 살 수 있는가. 오래 산다는 사람이라도 고작해서 100년 사는 것을 상수라 하고, 80년을 살면 중수라 하고, 60년을 살면 하수라 한다. 그나마 잘 살았다고 할 수 있는 것은 그중에서 얼마 되지 않는다. 병에 걸리거나 일가친척이며 지기들의 장사 지낼 때, 집안의 걱정거리로 마음이 산란해질 때를 뺀다면 정말로 입을 벌리고 마음 편히 웃을 수 있는 날이란 한 달 중에 고작 4~5일밖에 되지 않는다.

천지자연은 무한한 것이지만 그 속에서 사는 인간의 수명이란 준마駿馬가 한순간에 좁은 문틈을 지나가는 것처럼 어이없는 순간일 뿐이다. 이렇게 찰나에 지나지 않는 인생을 공연히 겉치레에 눈이 팔리고 만족한 생활을 갖지 못한 채로 천부의 수명도 다하지 못하는 놈을 어떻게 근본의 도리를 터득한 인간이라고 할 수 있겠느냐.

즐거워할 줄 알고, 또 즐거워야 할 때에 즐길 줄 아는 것이 참다운 인간이 아니냐. 도덕이니 인의니 하고 네놈이 말하고 있는 것은 모두 내가 버린 것들뿐이다. 그러니 당장에 여기서 꺼져버려

라. 네놈의 말을 두 번씩이나 들어줄 귀가 나한테는 없다. 네가 가르치려는 도리는 인간의 자연스러운 본성을 저버린 미치광이와 같은 짓이며, 거짓말과 사기로 뒤범벅이 되어 있다. 그런 허튼수작은 그만하는 게 네 신상에도 좋을 것이다."

도척의 말이 끝나자마자 혼비백산한 공자는 허겁지겁 두 번 절을 한 다음에 잰걸음으로 도망치듯 달려 나갔다. 문밖으로 나가 수레를 타고 말고삐를 잡으려는데, 어찌나 혼이 났는지 두 번 세 번 잡아도 손이 떨려서 제대로 잡히지가 않았다. 눈에는 아무것도 보이지 않고, 얼굴은 핏기를 잃고 잿빛이 되어 있었다. 공자는 겁에 질린 마음을 가다듬기 위해 한참 동안 수레의 손잡이 나무판에 기대어 있었다.

물론 이것은 장자가 꾸며낸 얘기겠지만, 말인즉슨 틀린 말이 없고 제법 그럴듯하게 들리지 않는가.

공자도 마음속으로는 인간적인 편안한 생활을 꿈꾸었다

공자가 어느 화창한 봄날에 네 제자를 거느리고 한가롭게 거닐면서 물었다.

"너희들도 기탄없이 자기의 소망을 말해보아라."

자로라는 제자가 먼저 말했다.

"저는 내우외환에 시달리는 작은 나라에서 일하고 싶습니다. 이런 나라에서 백성에게 의義와 용勇을 가르치고, 3년 안에 나라를 평화롭게 만들어보겠습니다."

다음에 염유冉有가 말했다.

"저는 그보다 더 작은 나라에서 일하고, 3년 안에 백성의 살림을 넉넉하게 만들어보겠습니다."

그다음에 공서화公西華가 말했다.

"저는 자신은 없지만 종묘의 제사며 제후의 모임에서 예장을 하고 말단의 접대역을 맡아 했으면 합니다."

마지막으로 증석曾哲이 말했다.

"저의 소망은 아주 작은 것입니다. 봄날에 새로 만든 옷을 입고 교외로 산책하러 나갑니다. 젊은이며 어린애들을 서너 명 데리고 강가를 거닐고 봄바람을 맞으며 노래라도 부르고 싶습니다."

그 말을 듣자 공자도 길게 탄식을 하면서 말했다.

"그것이다. 내가 해보고 싶은 것도……."

한평생을 두고 일종의 정치 컨설턴트로서 천하의 정치를 바로잡아 보겠다던 공자도 마음속으로는 그런 지극히 인간적인 편안한 생활을 꿈꾸었던 것이다. 범속한 우리들이 편안한 살림 속에서 행복을 찾으려 한다는 것도 그리 부끄러운 일은 아닐 것이다.

3장

건망증과
인지증 사이

내가 도예를 배우고
그릇을 만드는 이유는?

서양은 돌의 문화, 일본은 나무의 문화, 우리는 흙의 문화

내가 도예에 재미를 붙이기 시작한 지 꽤 많은 시간이 흘렀다. 장수를 위해서도 아니며 치매 예방을 위해서도 아니었다. 그저 도예를 하다 보니 치매 예방에 매우 좋겠다고 느껴진 것이다. 옆길로 새는 것 같지만 옛사람들이 소중히 여기던 육중관六中觀 중에도 망중유한忙中有閑이란 게 첫머리로 들어 있다.

한가한 속에서 여유롭기란 쉽다. 바쁜 속에서 한가할 수 있다는 게 참으로 지혜 있는 몸가짐이요, 마음가짐이다. 말이 나온 김에 육중관을 더 풀이하자면 고중유락苦中有樂이란 게 있다. 고통을 겪는 가운데 비로소 낙이 있다는 뜻이다. 사중유활死中有活이 또 있다. 완전히 막다른 골목에 이르러 다 죽은 것이나 다름없을 때 비로소 활活이 있다는 것이다. 하늘이 무너져도 솟아날 구멍은 있는 것이다.

네 번째가 의중유인意中有人이다. 어떠한 경우에도 자기 마음속에 항상 가르침을 줄 사람이나 필요한 인물을 가지고 있다는 뜻이다. 따라서 급히 사람을 쓰고자 할 때 당황하지 않게 된다. 다섯 번째가 호중유천壺中有天, 즉 '항아리 속에도 하늘이 있다'라는 뜻이다. 자기의 현실 생활 속에 취미나 철학 같은 자기만의 세계를 갖고 있다는 것이다. 그러니까 아무리 현실에 시달려도 마음을 달랠 수 있는 자기 세계를 갖는 것이다.

어릴 때부터 손재주가 없다고 자인해오던 내가 도예 교실을 찾은 것은 순전한 우연이었으며, 잘 해봐야 두어 번 다니다 말 것으로 생각했었다. 그런 내가 1주일에 세 번씩이나 다니고, 그것도 하루 서너 시간씩 작업을 하리라고는 전혀 예상하지 못했다. 그처럼 도예에는 표현하기 어려운 마력이 있다고나 할까.

서양을 돌의 문화라 한다면 일본은 나무의 문화, 그리고 우리는 흙의 문화 속에서 살아왔다. 흙을 만지면서 묘한 아늑함이며 친화감을 느끼는 것도 흙 속에서 자란 때문일 것이다. 그러니까 내게 도예는 단순한 놀이가 아니다. 놀이는 아무리 재미있는 것이라 해도 싫증이 나기 쉽다. 그런데 도예는 한번 빠지면 쉽게 헤어나지 못하게 된다.

도예는 새로운 것을 만드는 창조의 기쁨을 안겨준다

여기에는 또 한 가지 이유가 있다. 도예는 새로운 것을 만들어 낸다는 창조의 기쁨을 안겨주는 것이다. 커피 잔 하나를 만들어낼 때에도 지금까지 깨닫지 못했던 나 자신의 예술적 표현력이며 창조력을 발휘할 수 있다는 것도 여간 기쁜 일이 아니다.

평범한 찻잔을 만들면서 깨닫게 되는 것은 이 밖에도 많다. 나 자신이 만족할 만한 그릇 모양을 만들고, 유약을 제대로 칠하고, 가마의 열도도 알맞게 설정했는데도 기대하던 대로 구워지지 않는 경우가 있다. 날씨에 따라, 또는 가마 속에 앉히는 위치에 따라 그릇의 표정이 달라지기도 한다. 그것은 우리네 인생을 그대로 상징적으로 말해주는 것 같기도 하다.

인생은 자기 힘이며 뜻만으로 이뤄지는 게 아니다. 행운이 작용해 뜻하지 않게 인생이 잘 풀려나가는 경우가 있는가 하면, 아무리 노력해도 운이 따르지 않아 좌절하는 경우도 있다. 도예도 마찬가지다. 다만 인생에서는 한번 실패하면 그만이지만, 도예에서는 만족할 때까지 몇 번이고 다시 만들어낼 수가 있다. 그래서 더욱 도예가 재미있는 것이다.

무엇보다도 도예가 즐거운 것은 앞에서 말한 치매 예방법의 적어도 절반 이상을 충족시켜준다는 데도 있다. 나는 도예를 혼자 하는 게 아니다. 여러 젊은 학생들과 함께한다. 그들과 담소를 나누며, 그들로부터 활력과 예술적 자극을 받으며 작업을 하는 가운데 나는 절로 젊어지는 듯한 기분에 젖게 되는 것이다.

마지막이 복중유서腹中有書, 즉 배 속에 책을 간직하고 있다는 것이다. 책을 많이 읽은 사람은 자기 마음속에 확고한 철학을 가지고 있다는 의미이다.

육중관 중의 어느 하나 쉬운 것은 없다. 오죽하면 옛 선비들도 삶의 지표로 삼았겠는가.

치매에 이르는 첫 단계는 건망증이다

앞으로 더 늙어버릴 것을 잘 아실 것입니다.

앞으로 제가 말이 많은 늙은이가 되지 않게 하시고

특히 아무 때나 거들며 나서는 나쁜 버릇을 갖지 않게 해주세요.

저와 저의 친구들이 더 좋은 삶을 갈망하지 않도록 해주세요.

사려 깊고 온화한 사람이 되도록 해주시고

남에게 베풀더라도 자랑하고 참견하지 않도록 해주세요.

저의 지혜를 다 쓰고 세상을 떠나고 싶지만

제가 끝없이 이런저런 이야기로 거들먹대거나 오만하지 않게 해주세요.

제 신체의 고통은 늙을수록 늘어가지만

그런 고통을 견딜 수 있도록 저의 입을 막아주세요.

고통을 위로받고 싶어 하는 저의 마음이 작아지도록 해주세요.

타인의 고통과 아픔을 인내심으로 듣고 함께할 수 있도록 해주세요.

나빠지는 저의 기억력을 붙잡고 타인의 기억과 만나 부딪쳐도 제가 틀릴 수 있다고 인정하는 겸손함을 주세요.

언제나 주변과 더불어 조용히 살 수 있도록 해주세요.

점점 어두워가는 저의 눈으로 선한 것을 더 많이 보고 타인을 축복하는 늙은이가 되도록 해주세요.

제가 심술궂은 늙은이가 되지 않도록 아름다운 몸과 마음으로 살다 떠나도록 해주세요.

- 17세기 어느 수녀의 기도 중에서

노인을 정말로 늙게 만드는 무서운 독약이 바로 치매

우리가 늙는 것을 싫어하는 것은 얼굴에 주름이 지고 체력이 떨어지기 때문만은 아니다. 노추老醜가 싫기 때문이다. 쉽게 말해서 치매로 사람들에게 추한 꼴을 보여주고 싶지 않기 때문이다.

노인을 정말로 늙게 만드는 가장 무서운 독약이 바로 치매라고 할 수도 있다. 아데나워 수상이 무엇보다도 두려워한 것도 사실은 죽는 것이 아니었다. 늙는 것도 아니었다. 치매로 망령을 부리게 되지나 않을까 두려웠던 것이다.

그렇지만 자기도 모르게 야금야금 머릿속에 스며 들어오는 치매라는 이름의 병은 여간 막기 어려운 게 아니다. 자기가 치매에 걸렸다고 깨달으면 그것은 치매가 아니다. 치매에 걸렸는데도 깨닫지 못하는 게 치매이다. 그래서 치매가 무섭다는 것이다.

"피아노의 시인"이란 소리를 듣던 프랑스의 피아니스트 알프레드 코르토는 80세가 넘도록 연주회를 가졌는데, 한 시간 반으로 예정되어 있던 연주 시간이 2시간 반이 넘을 때가 많았다. 그것은 기억력이 떨어져서 한 구절을 여러 번씩 반복하는 경우가 많기 때문이었다. 그런데도 치매에 걸린 그는 연주 활동을 멈추지 않았다.

치매의 첫 번째 증세는 기억력의 상실 또는 저하이다. 점심을 먹고도 언제 무엇을 먹었는지 기억하지 못한다. 약을 먹고도 먹은 생각이 나지 않는다. 사람을 만나도 누구인지 얼핏 기억이 나지 않는다. 그러나 이런 정도는 건망증에 걸린 젊은 사람에게도 있다.

옛날 일은 기억하면서도 오늘 일은 기억하지 못한다

그렇지만 지나간 일들을 기억하지 못한다는 것은 꼭 나쁘다고만 볼 수도 없다. 건망증이 심한 사람이 있었다. 주위 사람들이 볼 때 여간 민망스럽지가 않았다. 보다 못해 건망증을 치료해달라고 의사에게 부탁했다. 다행히 의사의 처방으로 1주일 후에 완치가 되었다. 가족은 의사에게 고맙다고 여러 번 사례를 했다. 그런데 환자였던 그는 오히려 화를 버럭 내면서 칼을 휘두르면서 의사를 쫓았다. 주위 사람들이 그를 만류하면서 왜 그렇게 의사에게 화를 내느냐고 물었다.

"지금까지 내가 건망증에 걸려 있었을 때에는 마음이 한없이 편안하고 만사에 느긋한 기분이었다. 그런데 병이 나은 순간부터 오만 가지 생각들이 한꺼번에 몰려와서 나를 괴롭히고 있다. 지금까지 내가 못된 짓을 한 것들, 후회스러운 일들, 화나는 일들이 생각나서 한 순간도 마음이 편하지 않게 되었다."

잊을 것은 재빨리 잊는 게 몸과 마음에도 좋다. 정말로 약속을 잊는 때도 있지만 뻔히 기억하고 있으면서도 "미안하다. 그만 깜빡 잊어버렸다"라고 꾀를 부려서 천연스레 시치미를 떼는 경우도 있다.

이런 게 늙은이의 특전인지도 모른다. 옛날 일은 생생하게 기억하면서도 오늘 일어난 일은 기억하지 못한다. 듣기 싫은 말은 못 듣는 척 능청을 떨기도 한다.

방 안에 벌렁 드러누워 창밖의 산을 바라본다

우리는 지금 우리네 조상이 상상도 할 수 없을 만큼 좋아진 생활 환경 속에서 살고 있다. 건강관리에 대한 관심도 대단하다. 이제는 오래 산다는 게 큰 자랑거리가 되지는 못한다.

90세 생일을 맞은 영국의 문호 조지 버나드 쇼에게 인기 배우 다니 케이가 "선생님은 젊어 보이는 90세입니다"라고 축하 인사를 했다. 그러자 쇼는 시무룩한 표정으로 이렇게 대답했다.

"농담하지 말게. 나는 정확히 90세 노인답게 보일 뿐이네. 다른 노인들은 무절제한 생활을 해왔기 때문에 제 나이보다 더 늙게 보일 뿐이야."

물론 오래 살기만 한다고 좋은 것은 아니다. 골프를 칠 수 있을 만큼 몸이 건강하다고 해서 마냥 좋은 게 아니다. 나이가 들어서 '노망났다, 망령났다' 또는 '치매에 걸렸다'라는 소리를 듣게 되면, 장수가 축복인지 저주인지 모르게 되는 것이다.

나는 방문 옆에 '망령으로 모든 게 귀찮아져서 방 안에 벌렁 드러누워 창밖의 산을 바라본다'라는 글귀를 적어서 걸어놓고 있다.
간혹 노망이라는 표현 대신에 노추라는 말도 곧잘 쓰지만, 그것은
주름으로 얼굴이 추해 보인다라는 뜻이 아니다.

치매는 노년의
치명적인 독이다

일본에서는 치매 대신에 인지증이라는 말을 쓴다

　늙으면 하루가 지루하게 길고, 한 해는 눈 깜짝할 사이에 지나간
다고들 말한다. 이런 말을 실감하면서 혹은 이러다가 치매에 걸리
지나 않나 하고 두려워하던 때가 있었다. 왜냐하면 전문가들에 의
하면 다음과 같은 사람들이 알츠하이머병에 걸리기 쉽다고 경고
하고 있기 때문이다.

　1. 하루 종일 웃는 일이 별로 없다.
　2. 판에 박힌 생활 패턴에서 벗어날 줄 모른다. 남들과 어울리며

놀러 다닐 기회가 없다.

3. 늘 지난날의 영광에 도취되어 살아간다.
4. 음악이든 미술이든 예술에 전혀 흥미가 없고, 아름답거나 웅
   장한 자연의 풍경을 보면서도 별로 감흥을 느끼지 못한다.
5. 가족끼리 주고받는 일상적인 대화에도 끼어들려 하지 않고,
   식사가 끝나면 바로 식탁을 떠나 자기 방으로 들어간다.

일본에서는 모멸적인 용어라는 이유로 인지증認知症이라는 말을
쓰지만, 어떻게 돌려대든 치매는 치매이다. 그렇지만 가벼운 치매
라면 본인은 별로 고통이나 불편을 느끼지 않는다.

철학자 에머슨도 노년에 이르러 기억력 감퇴에 시달리게 되었
다. 그 자신은 그것을 "못된 기억"이라 말했다. 그는 주변에 흔한
물건들 이름도 잘 생각나지 않았다. 가령 곡괭이라는 말이 생각나
지 않아서 "땅을 파는 도구"라고 둘러말하기 일쑤였다. 우산이라
는 단어가 생각나지 않아서 "사람들이 남의 것을 잘못 가지고 가
버리는 것"이라고 다른 사람에게 설명해야 했다. 롱펠로의 장례식
에 가서 그는 동행자에게 말했다.

"저분은 매우 착하고 아름다운 영혼을 가지고 있다. 그런데 나
는 그의 이름을 전혀 기억하지 못한다."

치매로 고생하는 노인이라면 사람의 이름을 잊는 것은 보통이

다. 중년의 나이가 넘어서는 순간부터 사람 이름이나 명사의 단어가 빨리 떠오르지 않아 당황스러운 상황에 처하는 경우도 흔하다.

"늙는다는 것에는 여러 가지 이점이 있습니다"

서머싯 몸의 80세 생일을 축하하는 파티 때였다. 여러 친지들의 축하 인사가 끝나고 몸이 답사를 하게 되었다.

"늙는다는 것에는 여러 가지 이점이 있습니다."

이렇게 답사를 시작한 모음은 말을 멈추더니 무엇인가 찾는 듯이 탁자를 내려다보았다. 한참 동안을 그렇게 말없이 서 있다가 호주머니 속을 뒤적이다 불안스레 몸을 오른쪽에서 왼쪽으로 흔들기 시작했다. 장내의 축하객들이 민망한 표정으로 그를 지켜보았다. 한참 후에 몸은 목을 가다듬고 말을 이었다.

"나는 지금 그 이점이 무엇인가를 생각하는 중입니다."

골프장에서 라운딩을 할 때 치매기가 있는 슈퍼 골드(80세 이상) 골퍼가 딱한 처지에 놓이는 경우가 있다. 일본에서 80세의 한 골퍼가 골프장에 만발한 벚꽃에 만취해서 그냥 숲을 빠져나갔다. 일행이 간신히 그를 찾았을 때, 그는 골프장 근처의 공원 벤치에 앉아 꽃구경을 하느라 정신이 없었다. 그는 활짝 웃는 얼굴로 일행에게 이렇게 말하는 것이었다.

"플레이 도중이라니? 농담하지 말게. 오늘은 노인 클럽의 꽃구경 대회 중이라니까."

우리는 남의 애기니까 웃으며 들을 수도 있겠다. 만약에 내가 그렇다면 보통 심각한 일이 아니다.

테니스를 대단히 잘 치고 즐기는 친구가 있었다. 그는 일주일에 두 번씩 열심히 테니스장을 다녔다. 그러던 그가 어느 날부터인가 자기 집으로 돌아가는 길마저 잊어버렸다. 심지어는 방금 한 세트를 치고 벤치에서 쉬고 있다가 벌떡 일어나서 코트로 들어서면서, 왜 자기는 끼워주지 않느냐고 항의하는 일까지 있었다.

뇌를 건강하게
유지하는 십계명

나이가 들면서 몸이 노쇠하는 것을 '노도'라고 한다

우리나라에서는 55~60세가 되면 정년퇴직을 하게 된다. 그때부터 경로당에도 들어갈 수 있다. 지하철의 무임승차권은 65세부터이다. 중국 사람들은 노도老倒라는 말을 잘 쓴다. 원래는 '노老'는 80세부터를 말한다. 90세부터는 '모耄'라고 한다. 나이가 들면서 몸이 노쇠하는 것을 '노도'라 한다. 걷다가 균형을 잘 잃고 다리를 헛디디기를 잘한다는 뜻도 들어 있다. 그것은 노모老耄(80세 이상의 노인)와 전도顚倒의 준말이다.

가벼운 치매는 자기 자신에게나 가족에게나 그다지 고통스러운 게 아니다. 21세기의 가장 뛰어난 지도자라는 처칠도 치매기를 이겨내지 못했다. 그가 76세에 다시 수상이 되었을 때는 심장, 두뇌, 폐, 눈 등 신체의 어느 한 곳도 성한 데가 없었다. 때로는 그의 말조차 알아듣기 힘들 정도였다. 그러면서도 그는 은퇴할 생각을 하지 않았다. 다행히도 그의 치매는 그리 심각한 게 아니었다. 노약해진 화가 세잔이 친구 베르벨에게 다음과 같은 편지를 보냈다.

"나는 늙은 병자이다. 머지않아 분별을 잃게 만들고 제멋대로의 감정에 지배되는 노인, 저 딱한 치매 상태에 빠지기 전까지 계속 그림을 그리다 죽었으면 좋겠다고 진심으로 바랄 뿐이다."

화가 세잔이 남긴 최고의 걸작들 중에는 치매기를 걱정하기 시작한 그가 역경을 이겨내며 그린 작품들이 많다. 그렇지만 예술가도 치매를 앓게 되면 창작의 의욕도 잃게 된다. 도스토옙스키도 창작 활동을 멈춘 노년에는 자기 부인의 이름도 잊을 만큼 심한 치매에 시달렸다.

읽기와 쓰기는 뇌의 능력을 증진한다

치매의 원인은 뇌에 있다. 치매 예방을 위해 미국알츠하이머협회가 발표한 '뇌를 건강하게 유지하는 10개조'는 다음과 같다.

1. 뇌를 소중히 하자. 건강은 뇌로부터 시작된다.

2. 뇌의 건강은 심장으로부터 시작한다. 심장에 좋은 것은 뇌의 건강에도 좋다. 심장병, 고혈압, 당뇨병, 뇌졸중 등의 예방에 도움이 되는 운동과 식사를 매일 지속하자.

3. 체중, 혈압, 콜레스테롤, 혈당 등의 측정치를 정상 범위 내에서 유지하자.

4. 뇌에 좋은 영양소, 곧 지방이 적고 항산화물질이 풍부하게 들어 있는 식품을 먹자.

5. 몸을 많이 움직이자. 하루 30분 걷기 운동 같은 신체 활동으로 혈액 순환이 잘 이루어지고, 뇌세포의 신생이 촉진되도록 하자.

6. 마음에도 적절한 자극을 주자. 뇌의 활동이 활발해지고, 뇌세포의 연결을 강화하는 효과가 있다. 읽기와 쓰기는 뇌의 능력을 증진한다.

7. 사람들과의 유대 관계를 유지한다. 신체적, 심리적, 사회적 요소가 결합된 사회활동에 참가함으로써 치매 예방 효과를 거둔다. 봉사활동이나 학습 모임에 참여하는 것도 좋은 방법이다.

8. 머리 부위의 부상에 조심하자. 자동차에 타면 안전벨트를 매고, 평소 넘어지지 않도록 집 안 곳곳에 안전장치를 준비해두

면 도움이 된다.

9. 건강을 해치는 습관은 개선한다. 지나친 음주와 흡연, 약물 의존은 삼가자.

10. 당신의 내일을 지키기 위해 오늘부터 당장 할 수 있는 것을 실천하자.

이상의 주의 사항을 잘 지킨다면 얼마든지 치매를 예방할 수 있다고 의사들은 말한다. 실제로 치매로 고생하는 환자들보다 나이가 들면서 철저한 자기관리로 노익장을 과시하는 사람들이 갈수록 늘어나고 있다.

4장

굽은 나무가
산을 지킨다

이상적인 삶의 자세는
물과 같다

세상만사를 살아가는 이치란 바로 상선약수다

세상을 살아가다 보면 별별 일을 다 겪기 마련이다. 개중에는 기쁜 일도 많지만 그보다는 울화가 터지는 일, 속상한 일, 아니꼬운 일, 비위 뒤틀리는 일, 괘씸한 일, 섭섭한 일, 속이 뒤집히는 일 등등 언짢은 일들이 헤아릴 수 없이 많은 게 현실이다.

노자가 주나라의 은사隱士 상창常摐이 중병에 걸려 임종을 앞두고 있다는 소식을 듣고 문병을 가서 여쭈었다.

"제자들에게 남기고 싶은 말은 없습니까?"

상창이 노자에게 되물었다.

"내 혀는 아직 있는가?"

"물론 있습니다."

"그렇다면 이는 있는가?"

"하나도 남지 않았습니다."

"왜 그렇다고 생각하는가?"

노자가 대답했다.

"혀는 부드럽기 때문에 남아 있으며, 이는 단단하기 때문에 없어진 줄로 압니다."

"그렇다. 세상만사가 모두 이 한마디로 설명이 된다. 제자들에게도 그렇게 전해다오."

상창이 말한 세상만사를 살아가는 이치란 바로 상선약수上善若水이다. 노자는 이를 다음과 같이 풀이했다.

"가장 이상적인 삶의 자세는 물과 같은 것이다. 물은 만물에 은혜를 베풀면서도 상대를 거역하지 않으며, 사람들이 싫어하는 낮은 곳으로 흐른다. 그리하여 낮은 곳에 몸을 두면서도 못처럼 깊은 마음을 아울러 가지고 있다. 물처럼 거역하지 않는 삶의 자세를 지키면 낭패를 보지 않게 된다. 이 세상에서 물처럼 약한 것은 없다. 그러면서도 강한 것을 이기는 데 물만 한 것도 없다."

그렇다면 상창이 말하고 노자가 풀이한 물과 같은 상선약수의 삶이란 어떤 삶인가?

첫째, 물처럼 유연한 삶이다. 물은 둥근 그릇에 담으면 둥근 모양을 하고, 모난 그릇에 담으면 모난 모습이 된다. 즉 사람은 환경에 따라서 유연하게 자신의 태도와 자세를 바꿀 수 있어야 한다는 뜻이다. 물론 부러질지언정 굽히지 않는 외골수적인 삶의 자세가 바람직할 때도 있다. 그러나 요즘처럼 어지러운 현실을 살아가는 데 어울리는 처세법은 아닐 것이다.

둘째, 물처럼 겸허한 삶이다. 물은 많은 은혜를 세상에 베풀면서도 언제나 낮은 곳으로 흐르면서 몸을 낮춘다. 즉 자신의 공적을 내세우며 다른 사람을 우습게 여기거나 잘났다고 뽐내지 말라는 뜻이다.

셋째, 물처럼 상대방에 거역하지 않는 삶이다. 물은 바위에 부딪치면 돌아가고 남과 다투려 하지 않는다. 결코 물이 약해서가 아니다. 물은 바위도 마멸시켜버릴 만큼 힘이 있지만 이를 숨기고 있을 뿐이다. 이것을 노자는 '부쟁不爭의 덕德'이라고 했다.

중국인들에게는 '도피'라는 처세의 지혜가 있다

《장자》에서는 '곡즉전曲則全'이라고도 말했다. 곧게 잘 자란 나무는 재목감으로 빨리 잘리지만, 굽은 나무는 쓸모가 없어 잘려나

가지 않은 채 산을 지킨다. 이처럼 자기를 내세우지 않고 우쭐대지 않고 다투지 않고 허리를 낮추고 사는 게 가장 바람직한 삶의 자세라는 것이다.

사람이 처음 태어날 때는 매우 부드럽고 연약하다. 그런데 죽으면 뻣뻣하게 굳어진다. 만물이 이와 같다. 처음에 싹이 돋아날 때는 부드럽고 연약하지만 죽을 때는 말라서 단단하게 굳어진다. 이로 미루어 볼 때 단단하고 강한 것은 모두 죽음의 벗이며, 반대로 유약한 것은 모두 삶의 벗이다. 강한 나무일수록 바람에 잘 꺾인다.

연암 박지원의 아들은 아버지를 추억하며 다음과 같이 말했다.

"아버지는 다른 사람과 담소를 나눌 때 늘 격의 없이 말씀하셨다. 그러나 마음에 맞지 않는 사람이 좌중에 있어 말 중간에 끼어들기라도 하면 그만 기분이 상해, 비록 하루 종일 그 사람과 마주하고 앉았더라도 한마디 말씀도 나누지 않으셨다. 알 만한 사람들은 모두 아버지의 이런 태도를 단점으로 여겼다.

악을 미워하는 아버지의 성품은 타고난 것이어서 부화뇌동하거나 아첨하거나 거짓으로 꾸미는 태도를 너그럽게 받아들이지 못하셨다. 그리하여 한번 누구를 위선적이거나 비루한 자로 단정하시고 나면, 그 사람을 아무리 정답게 대하려고 애써도 마음과 입이 따라주지 않았다.

'이것은 내 기질에서 연유하는 병통이라 고쳐보려고 한 지 오래

지만 끝내 고칠 수 없었다. 내가 일생 동안 험난한 일을 많이 겪은 것도 모두 이런 기질 때문이다.'

아버지는 내게 이렇게 말씀하셨다."

천 년이 넘도록 편할 날이 없는 세상을 살았던 중국인들에게 무엇보다 중요한 것은 '부富'도 '귀貴'도 아니었다. 그들에게는 각박한 현실 속에서 키워낸 '도피逃避'라는 처세의 지혜가 있었다. 여기에는 세 가지 방법이 있다

첫 번째는 우선 도逃다. 위험의 조짐을 미리 알아차리고 재빨리 몸을 피하는 것이다 가령 좁은 길을 걷고 있는데 앞에서 자동차가 달려온다고 하자, 이런 경우 차에 부딪치지 않도록 재빨리 샛길로 몸을 피하는 게 좋다.

두 번째가 피避다. 위험이 닥쳤을 때는 몸을 피해 시간이 흐르기를 기다리는 것이다. 자동차가 달려올 때 몸을 뒤로 피하고 차가 지나가기를 기다리는 것을 말한다.

세 번째는 둔遯이다. 잠시 몸을 피하면서도 조금씩 목적 달성을 위해 노력하는 것이다. 위험에 정면으로 맞서지 않지만, 그렇다고 도망가지도 않고 몸을 살짝 옆으로 돌리면서도 조금씩 나간다는 것이다. 이것이 가장 능동적인 도피법이다.

마음속에 숨겨진
행복의 비밀

　굵고 짧게 사는 것과 가늘고 길게 사는 것 가운데 어느 쪽이 좋으냐고 물으면 사람들은 굵고 짧게 사는 게 좋다고 말할 것이다. 잠시 동안이라도 호화롭게 살 수만 있다면 한이 없겠다는 것이 그들의 소망이다. 그러나 정말로 그럴까.

　《헨리 5세》에서 주인공 헨리 5세는 아쟁쿠르 전투의 결전 전야에 병사로 변장하고 진영을 둘러본다. 영국군은 오랜 싸움에 지쳐 있었고, 그런 영국군이 맞아 싸울 프랑스군은 영국군보다 6배나 많았다. 그때 한 병사가 이런 사실을 왕에게 알려야 하느냐고 물었다. 병사로 변장한 헨리 5세는 말하지 않는 게 좋다고 대답하면서 그 이유를 이렇게 설명했다.

"왕이라 해도 우리와 같은 인간에 지나지 않는다. 왕이라 해도 제비꽃의 향기를 우리와 똑같이 느낄 것이며, 하늘도 우리와 똑같게 보일 것이다. 왕이라 해도 벌거벗으면 우리와 똑같은 인간일 뿐이다."

《리어 왕》에서도 리어 왕이 이와 똑같은 말을 하고 있다.

행복이란 자기 마음속에 있다는 것을 알려주는 우화

옛날에 다른 인디언 부족들과 툭하면 싸우기를 좋아하는 호전적인 인디언 부족이 있었다. 그들은 종교를 모독하고 도덕도 모르는 채 질서라는 질서는 모두 무시하며 살았다 그래서 살인과 강간, 절도가 다반사로 일어났다.

드디어 한 늙은 추장이 비교적 덜 폭력적인 용사들을 모아놓고 해결책을 의논했다. 그 현명한 추장이 생각해낸 최선의 방법은 사람들의 행복을 유린하는 못된 자들로부터 행복과 성공의 비밀을 숨기는 것이었다. 문제는 그 비밀을 어디에 숨기느냐는 것이었다.

한 용사가 행복의 비밀을 땅속 깊이 파묻자고 제안했다. 추장은 그 의견에 반대했다.

"그것은 안 된다. 사람들은 땅속 깊은 곳까지 파서 기어이 찾아내고 말 것이기 때문이다."

또 다른 용사는 가장 깊은 바다에 빠뜨리자고 제안했다. 추장은 이 의견에도 반대했다.

"그래도 소용이 없다. 누군가가 바닷속으로 잠수하는 기술을 배워서 그 비밀을 찾아내고야 말 것이기 때문이다."

세 번째 용사는 높은 산꼭대기에 숨겨두자고 제안했다. 추장은 이 의견에도 찬성하지 않았다.

"아무리 높은 산이라 해도 언젠가는 거기까지 올라가서 독차지할 것이기 때문이다."

한참 뒤에 추장이 가장 현명한 방법을 찾아냈다.

"사람의 마음속에 숨겨두자. 그러면 어느 누구도 그것이 어디에 숨겨져 있는지 알아내지 못할 것이다."

이래서 오늘날에 이르기까지 사람들은 땅속과 물속 , 산꼭대기 등 여기저기를 뛰어다니며 행복의 비밀을 찾아 헤매고 있다. 사실 그것은 이미 자기 마음속에 들어 있는데도 말이다. 위의 내용은 행복이란 자기 마음속에 있다는 것을 알려주는 우화이다.

스페인의 바스크 지방 사람들이 예부터 즐기던 우화 가운데 이런 게 있다

어느 왕이 있었다. 그는 너무나도 호화로운 생활에 젖어 행복이 무엇인지 알 수가 없었다. 왕은 그것이 여간 마음에 걸리지 않았

다.

답답해진 왕은 유명한 점쟁이에게 어떻게 하면 행복을 알 수 있겠느냐고 물었다.

"전국을 수소문해서 스스로 행복하다고 여기는 사람을 찾아낸 다음 그 사람의 속옷을 벗기고 그것을 왕께서 몸소 입어보시면 알 게 될 것입니다."

왕은 곧바로 전국에서 행복하다고 여기는 인간을 찾아내라고 명령을 내렸다. 그러나 아무도 자기가 행복하다고 여기는 사람이 없었다.

오직 한 사람, 자기는 행복하다며 나타난 사람은 누더기를 걸친 양치기였다. 그는 속옷을 벗으라는 왕명을 따라 누더기 겉옷을 먼저 벗었다. 그러나 그것이 전부였다. 겉옷 다음에 드러난 것은 양치기의 알몸뿐이었다.

진흙이 많을수록
불상도 커진다

실패에 건배, 이때 비로소 인생의 깊이를 배울 수 있다

'니다불대泥多佛大'라는 선어禪語가 있다. 옛날에는 나무로 심지
를 만들고. 그 위에 진흙을 발라서 불상을 만들었다. 그러니까 진
흙이 많을수록 불상도 커진다는 것이다. 이 말이 고생을 많이 해
야 큰일을 할 수 있다는 뜻으로 전이되었다.

우리는 '고진감래苦盡甘來'라는 말도 자주 쓴다. 흔히 고생 끝에
낙이 온다고 풀이한다. 사실은 고생을 해야 낙을 얻을 수가 있다
고 풀이해야 옳을 것이다. 중국의 마오쩌둥이 남긴 말에 '착중증
지錯中增智'라는 것이 있다. 실패며 잘못을 많이 할수록 현명해진

다는 뜻이다. 사람은 좌절과 실패를 겪으면서 성장한다. '패위성인敗爲成因'이라는 말도 있다. 실패는 성공의 원인이 된다는 것이다. 온갖 실패와 고난에도 불구하고 좌절하지 않고 후퇴하지도 않고 단념하지도 않고 꾸준히 노력한 끝에 성공한 예는 수없이 많다.

잘못은 누구나 저지른다. 훌륭한 인물이라도 잘못을 저지를 때가 있다. 다만 소인들은 잘못을 저지르면 그것을 숨기려 하다가 오히려 더 큰 상처를 입게 된다. 큰 인물은 잘못에서 배운 교훈을 살리고, 잘못의 상처를 재빨리 이겨내고 잘못을 고쳐나간다. 큰 인물과 작은 인물, 성공하는 인물과 실패로 끝나는 인물의 차이는, 실패한 다음에 어떻게, 얼마나 더 노력하느냐에 달려 있다.

인생을 긍정적으로 살아나가는 사람은 어떠한 실패도 긍정적으로 받아들인다. 빈민굴 출신의 소피아 로렌이 세계적인 스타가 되기까지 많은 고생을 겪어야 했다. 그런 그녀가 이런 말을 했다.

"실패에 건배! 당신이 지금까지 경험하지 못했던 가치 있는 인생의 깊이를 이때 비로소 배울 수 있으니까."

불행을 견디지 못하는 것이 불행 중에 가장 큰 불행이다

《채근담》에는 이런 말이 나온다.

"내리막길에 들어섰다는 조짐은 전성기에 나타나며, 새로운 것의 태동은 쇠퇴의 극에 이르렀을 때 나타난다. 순조로울 때에는 한층 더 마음을 조이고 이변에 대비하고, 난관에 부닥쳤을 때에는 오로지 참고 견디어서 초지初志를 관철해야 한다.

하늘의 뜻은 예측할 수가 없다. 시련을 주는가 하면 영화를 보증하고, 영화를 보증하는가 하면 또 시련을 내려준다. 이래서 제아무리 영웅호걸이라 해도 운명의 노리개가 될 뿐 아니라 좌절하기도 한다.

역경이며 빈곤은 인간을 굳세게 다져주는 용광로와 같은 것이다. 이 속에서 단련을 받으면 심신이 아울러 강건해진다. 단련을 받는 기회가 없으면 신통한 인간으로 자라나지는 못한다. 오랫동안 웅크려서 힘을 저축한 새는 한번 날면 반드시 하늘 높이 날아오른다. 다른 꽃보다 먼저 핀 꽃은 지는 것도 빠르다. 이 도리를 깨닫는다면 중도에 풀 죽을 필요도 없으며, 공을 세우려 서두르고 마음을 조일 필요도 없다.

복숭아나무나 자두나무는 어여쁜 꽃이 핀다. 그러나 소나무나 떡갈나무의 아름다운 푸르름을 당하지 못한다. 배나무나 살구나무에는 단 열매가 생긴다. 그러나 등자나무나 귤나무의 상쾌한 향기에는 미치지 못한다. 이와 마찬가지로 화려하고 단명인 것은 소박하고 오래가는 것만 못하며, 조숙은 만성에 미치지 못하는 것이다."

　바람이 세게 불지 않을 때에는 강한 풀이나 약한 풀이나 구별이
안 된다. 그러나 한번 강한 바람이 불면 약한 풀은 당장에 땅바닥
에 쓰러지지만, 강한 풀은 당당하게 고개를 쳐들고 이겨낸다. 순
풍이 불고 있을 때는 사람의 진가를 알아낼 수 없다. 사람은 역경
을 맞이했을 때 비로소 진가가 나타난다. 일이 순탄하고 안정되어
있을 때는 패기와 자신에 넘치고 제법 큰소리를 치며 당당한 듯이
보이지만 한번 위기를 맞으면 당장에 풀이 죽는 사람이 많다. 경
초(勁草, 억센 풀)와 같은 사람은 역경을 맞을수록 강해져서 새로운
비약을 한다. 이것을 '질풍경초疾風勁草'라고 한다.

　사람의 역량을 가장 잘 알 수 있는 것은 명예도 부도 아니다. 불
행이다. 불행을 견디지 못하는 것이 불행 중에 가장 큰 불행이다.
뮈세의 시에는 '위대한 고뇌만큼 우리를 위대하게 만드는 것은 없
다'라는 구절이 있다. 문제는 위대한 고뇌를 견딜 만한 인내심이
며 용기를 갖고 있느냐는 데 있다.

　"재능은 조용함 속에서 만들어지며, 성격은 격류 속에서 만들어
진다."

　괴테의 말이다.

부귀는 운명에
따르는 것인가?

옛날에는 정승 집안이면 자손 대대로 권세를 누렸다

중국 송나라의 원채袁采가 엮은 《원씨세범袁氏世範》에 이런 말
이 나온다.

"부귀라는 것은 운명의 장난에 의해 마련되는 것이다. 따라서
부귀를 얻었다고 해서 주위 사람들을 내려다봐서는 안 된다. 가난
속에서 부자가 되거나 입신하고 높은 지위에 오르고 하는 것은 분
명 사람들로부터 칭찬받을 만한 것이지만, 그렇다고 해서 주위 사
람들의 빈축을 살 짓은 하지 말아야 한다.

특히나 조상의 유산으로 고생을 모르고 사치스러운 생활을 하고, 아버지 덕분에 높은 지위에 오른 것뿐인데 사람들을 멸시하든 가 한다면 이보다 더 부끄러운 일도 없을 것이다.

무지의 인간은 참으로 대하기가 힘들다. 주위 사람들에게 똑같이 예를 갖추고 대하지 않을 뿐만 아니라 상대방의 경우에 맞춰서 높고 낮은 등급까지 매기고 있다. 재산이 많고 지위가 높은 상대방에게는 공손한 태도로 경의를 표시하고, 상대방의 재산이 많아지고 지위가 높아짐에 따라 한층 더 공손하게 대한다. 반대로 가난한 상대나 지위가 낮은 상대방에 대해서는 불손한 태도를 보이고 처음부터 깔본다.

상대방이 아무리 돈이 많다 해도 그 때문에 자기가 올라가는 것도 아니며, 상대방이 아무리 가난하다 해도 그것이 자기의 수치가 되는 것도 아니다. 그런데 어찌하여 상대방을 차별하려 드느냐? 온후하고 견식이 있는 사람은 절대로 그렇게 행동하지는 않는다."

타고날 때부터 팔자가 정해져 있고 자수성가해서 부귀를 누릴 수 없다고 생각했던 옛날에는 조상이 사람을 교만하게 만들기도 했다. 조상이 정승 집안이면 그 자손은 대대로 권세를 누릴 수 있다. 자연스레 교만해질 수밖에 없었다.

요새는 장관의 아들이라고 해도 눈 하나 깜짝하는 사람이 없을 것이다. 아무나 장관이 될 수 있고, 너무나 흔한 게 장관 자리이기 때문이다. 장관의 이름조차 대부분 모르고 지내는 게 요즘의 실상이다. 그러니 누구를 향해 교만을 떨 수 있겠는가.

군자는 함부로 자기 재주와 재능을 내세우지 않는다

《채근담》은 자기 재능도 자랑하지 말라고 가르치고 있다.

"독수리가 가만히 앉아 있을 때에는 잠자고 있는 듯이 보인다. 호랑이가 걷는 모습은 마치 병들어 있는 것만 같다. 그러나 그것은 사람에게 덤벼들려는 자세에 지나지 않는다. 군자도 독수리나 호랑이처럼 함부로 자기 재주와 재능을 내세워서는 안 된다. 그래야 비로소 천하의 큰일을 할 수가 있는 것이다."

한번 이렇게 생각해보자. 사람에게는 누구나 권력과 명성에 대한 욕심이 있다. 그러나 누구나 다 성공하는 게 아니다. 실력의 세상이라 하지만 능력이 있고 운이 좋다고 언제까지나 영화를 누릴 수 있는 것도 아니다. 세상이 바뀌고 정권이 바뀌어도 항상 양지에서만 살고 단맛만 본다면 뭔가 특출한 처세의 재능이 있다고 봐도 좋을 것이다.

혹은 그런 사람을 두고 해바라기 같은 기회주의자라고 비웃는다. 그러나 그건 주변머리가 없어 줄타기도 못하고, 비위가 약해 손바닥을 비벼대지도 못하는 사람들의 시샘일 뿐이다. 요새 여러 명의 대통령을 거치면서 용케 줄타기를 잘한 사람들의 화려한 경력을 봐도 알 만하다.

모든 일에서 상대방과 입장을 바꿔서 생각해본다

체스터필드는 다음과 같이 겸손의 처세술을 가르치고 있다.

"학식이 풍부한 사람은 지식에 자신이 있는 나머지 남의 의견을 귀담아듣지 않는 수가 많다. 그러고는 일방적으로 자기 판단을 강요하거나 멋대로 결론을 내린다. 그렇게 되면 어떻게 될까. 자기 의견이 묵살된 사람들은 모욕을 당했다, 상처를 입었다고 느끼며 순순히 따르지 않을 것이다.

이렇게 되지 않기 위해서는 지식의 양이 늘어나면 늘어날수록 조심스러워져야 한다. 확신하고 있는 것에 대해서도 확신이 없는 것처럼 꾸민다. 의견을 말할 때에도 단정을 내리지 않는다. 남을 설득하려 생각하면 상대방의 의견을 잘 들어야 한다. 그만한 겸허함이 없으면 안 된다.

지식은 회중시계처럼 슬쩍 호주머니 속에 넣어두면 된다. 자랑하고 싶어서 쓸데없이 호주머니에서 꺼내어 보이거나 시간을 가르쳐줄 필요는 없다.

혹 사람들이 몇 시냐고 물으면 그때나 대답을 해주면 된다. 남이 묻지도 않는데 굳이 먼저 나서서 시간을 알려줄 필요는 없는 것이다."

따분한 사람이란 남이 어떻게 생각하고 있는가는 무시하고, 남의 마음을 헤아리려 하지도 않고, 남의 비위를 맞출 줄을 모르는 사람이다. 그런 사람들이 자기 하고 싶은 소리만 하고, 제 잘난 티만 내는 데 열중할 뿐이다. 좋은 손님은 찾아오자마자 집안이 밝아지지만, 이런 손님은 가고 난 다음에 집안이 밝아진다.

중국말에도 만사환위萬事換位라는 게 있다. 모든 일에서 상대방과 입장을 바꿔서 생각해본다는 것이다. 내가 항상 옳은 것은 아니다. 혹시 남이 잘못했다고 생각하는 내가 그릇된 것인지도 모른다. 남이 그렇게 하는 것에는 내가 알지 못하는 이유가 있어서인지도 모른다고 한 번은 생각해보는 게 바람직한 일일 것이다. 그러지 않으면 자칫 똥 묻은 개가 겨 묻은 개를 흉보는 짝이 된다.

이런 얘기가 있다. 어느 빵가게 주인이 곰곰이 생각하니 아무래도 버터를 대는 농부가 저울의 눈금을 속이고 정량보다 작게 팔고 있는 것만 같았다. 그래서 며칠 동안 몰래 그가 가지고 오는 버터의 무게를 달아보았다. 아닌 게 아니라 농부가 그동안 자기를 속여온 게 틀림이 없었다. 화가 난 그는 경찰에 고발해 농부를 체포하도록 했다.

재판장에서 재판관이 농부에게 물었다.

"너는 저울로 버터를 달아서 팔지 않았느냐?"

"아닙니다."

"그러면 어떻게 지금까지 버터를 빵가게에 팔아왔느냐?"

"빵가게 주인이 저의 버터를 사기 시작하자 저는 빵은 그 집에서 사기로 했습니다. 저는 그저 그가 주는 빵 무게에 맞추어서 버터를 팔아왔답니다. 만약 버터의 무게가 잘못되어 있다면 그것은 빵가게 주인이 저에게 제값보다 작은 빵을 팔아온 것이 틀림없습니다."

번쩍이는 게
모두 금은 아니다

복장의 기본 원칙은 단정함이지, 호화로움이 아니다

호화 주택, 외제차, 명품 백 등등 그 모두가 사람의 내적 가치
와는 아무 상관이 없다. 그런 줄 알면서도 우리는 곧잘 사람의
겉모습에 현혹된다. 따라서 옷에 신경을 쓰는 것도 당연한 일일
것이다.

셰익스피어의 《말괄량이 길들이기》에서는 페트루치오가 아내에
게 이렇게 말한다.

"자, 케이트. 당신 아버지한테 가자. 검소하고 보잘것없는 복장이
지만 이대로가 더 좋다. 육체를 부유하게 만드는 것은 마음이지, 옷

이 아니란다. 태양이 어두운 구름 사이로 얼굴을 내보이는 것처럼 명예는 아무리 초라한 복장을 하고 있어도 절로 나타나는 것이다. 날개가 아름답다고 해서 어치가 종달새보다 귀중할까? 색깔이 찬란한 비늘이 보기에 좋다고 해서 독사뱀이 장어보다 좋을까?"

페트루치오가 결혼식에 늦게 나타날 뿐만 아니라 평상복으로 입장하는 모습을 보고 신부의 아버지가 나무란다.

"오늘은 자네의 결혼식이라네. 처음에는 자네가 영 나타나지 않을까 걱정을 했는데, 늦게라도 나타난 것은 좋지만 그런 꼴을 하고 있다니 참으로 한심스럽기만 하다. 자아, 어서 그 옷을 벗어라. 그 꼴로는 자네의 신분을 더럽히는 것이 되며 엄숙한 식을 망가트릴 뿐이니까."

복장의 기본원칙은 단정함이지, 호화로움은 물론 아니다. 19세기 후반에 나온 책 《올바른 예법, 에티켓의 핸드북》에서도 '복장은 늘 단정히 하라. 그러나 너무 요란스레 해서는 안 된다'라고 적혀 있다. 그렇다고 해도 너무 완벽한 옷차림도 바람직하지 않다.

앤서니 이든이 영국 수상이 되기 얼마 전에 한 기자가 철학자 버트런드 러셀에게 이든을 어떻게 생각하느냐고 물었다. 러셀은 이렇게 말했다.

"그는 신사가 못 된다. 너무 완벽하게 옷을 잘 입고 있다."

신사는 신사답게 옷을 입어야 한다. 그것은 완벽하게 입으라는 것이 아니다. 외면적인 치레에 지나지 않는 옷 따위에는 관심이 없는 듯이 보이는 게 참다운 신사라는 뜻이었다.

당신이 입고 있는 옷을 통해 당신의 허영을 볼 수 있다

여러 해 전에 프랑스의 미남 배우 알랭 들롱이 일본의 한 신사복 회사의 광고 모델로 출연한 적이 있다. 그때 그가 대단히 호화로운 집의 넓은 식당에서 식사를 하는 장면이 있었다. 그것을 보고 시오노 나나미가 이렇게 평했다.

"그의 식사 매너는 나무랄 데가 없었다. 허리도 반듯하고, 나이프와 포크의 사용법을 비롯해 수프를 먹는 법, 포도주 잔에 입술을 대기 전에 냅킨으로 입가를 닦는 법도 알고 있었다. 한마디로 그의 매너는 나무랄 데 없었는데 매우 부자연스러웠다. 그는 예법을 너무 충실하게 지켰다. 마치 선생의 말을 따라 하는 모범생처럼. 무엇보다도 그의 차림새는 너무나도 완벽했다. 그에게서 호화레스토랑 속에 앉은 촌스러운 서민의 냄새가 물씬 풍겼다."

가장 바람직한 것은 나중에 그가 무슨 옷을 입고 있었는지를 아무도 기억하지 못할 만큼 눈에 튀지 않는 복장을 뜻한다.

셰익스피어의 《베니스의 상인》에 "번쩍이는 게 모두 금은 아니다"라는 말이 나온다. 확실히 겉보기와 속은 다르다. 사람의 가치는 외관상으로 결정되는 게 아니다. 산도 덮어놓고 높기만 하다고 해서 명산의 반열에 오르는 것이 아닐 것이다.

그렇다고 너무 검소한 것도 탈이다. 고대 그리스의 철학자 안티스테네스는 사람들에게 검소한 생활을 장려하고, 자기 자신도 늘 너절한 옷을 입고 다녔다. 소크라테스는 그런 그를 비웃으며 말했다.

"나는 당신이 입고 있는 옷의 뚫어진 구멍을 통해 당신의 허영을 볼 수가 있다."

"두 번이나 칼을 닦았다고 해서 그 남자를 신용하지 않는다"

《햄릿》에서 폴로니어스는 성년이 되어 여행길로 떠나려는 아들에게 다음과 같은 충고를 한다.

"네 지갑 속의 돈으로 살 수 있는 데까지 복장에 돈을 써라. 그러나 너무 상식 밖의 모양새를 해서는 안 된다. 복장에 돈을 들이는 것은 좋지만 너무 화려해서는 안 된다. 복장으로 인품을 알 수 있기 때문이다."

그러면서도 셰익스피어는 복장이 때로는 사람의 눈을 어둡게 만든다는 것도 잘 알고 있었다. 《끝이 좋으면 모든 게 좋다》에서 한 귀족의 입을 빌려서 이렇게 말한다.

"두 번이나 칼을 깨끗이 닦았다고 해서 그 남자를 신용하지는 않듯이, 복장이 단정하다고 해서 유능한 사나이라고 믿지는 않으련다."

견마지양,
마음에 없는 효도

노인은 궤짝에다 깨진 유리 조각을 넣고 자물쇠를 채웠다

아내를 여의고 홀로 사는 노인이 있었다. 그는 한평생을 근검절약하며 열심히 일했다. 그러나 불운이 겹쳐 빈털터리가 된 데다 노약해서 더 이상 일할 수도 없게 되었다. 시력도 약해지고 두 손이 떨려 제대로 끼니를 지을 수도 없었다. 그에게는 결혼한 아들이 셋이나 있었지만 제각기의 살림에 바빠 일주일에 한 번쯤이나 그것도 돌아가며 아버지와 저녁을 같이하는 게 고작이었다.

아버지는 차츰 기력마저 떨어졌다. 노인은 어떻게 했으면 좋겠는가 하고 곰곰이 궁리했다. 드디어 한 생각이 떠올랐다. 해가 밝자 그는 목수를 찾아가서 큰 궤를 하나 만들어달라고 부탁했다. 그다음에 자물쇠를 만드는 사람을 찾아가서 자물쇠를 하나 달라고 부탁했다. 이어 유리 가게에 가서 깨진 유리 조각을 얻어 왔다.

노인은 궤짝을 집으로 가지고 와서 그 속을 깨진 유리 조각으로 채운 다음에 단단히 자물쇠를 채웠다. 그러고는 그것을 부엌 식탁 밑에 놓았다. 며칠 후에 아들들이 찾아와서 저녁을 먹다가 발에 걸리는 궤를 발견하고는 아버지에게 물었다.

"궤 속에 무엇이 들어 있습니까?"

별것 아니라고 노인은 말하면서 끝내 속에 무엇이 들어 있는지를 밝히지 않았다. 아들들은 손으로 밀어봤지만 어찌나 무거운지 움직이지 않았다. 그들은 이번에는 발로 차보았다. 그러자 속에서 뭔가 달랑거리는 소리가 들렸다.

궤짝 바닥에서 찾은 '너의 부모를 공경하라'라고 적힌 쪽지

"아버지가 한평생을 두고 몰래 저축해온 금화로 가득 차 있는 게 틀림없다."

이렇게 세 아들은 서로 소곤거렸다. 아버지가 돌아가실 때까지 그 보물 궤를 지켜야겠다고 생각한 아들들은 번갈아가며 아버지와 함께 살기로 했다. 첫 주에는 막내아들이 와서 살면서 아버지를 돌보고, 둘째 주에는 둘째 아들이, 그리고 셋째 주에는 큰아들이 아버지를 돌보며 궤를 지켰다.

드디어 아버지는 병들어 죽었다. 이제부터는 돈 걱정할 필요가 없다고 생각한 세 아들은 호화로운 장례식이 끝나자마자 아버지 집으로 달려와서 열쇠를 찾았다.

그리고 궤를 열어봤으나 그 속에는 깨진 유리 조각들뿐이었다.

"우리를 이렇게 감쪽같이 속이다니 아버지도 너무하셨다."

이렇게 큰아들이 소리 질렀다. 그제야 양심의 가책을 느끼기 시작한 둘째 아들이 형에게 말했다.

"아버지는 그럴 수밖에 없지 않았어? 만약에 이 궤가 없었다면 우리 모두 아버지가 돌아가실 때까지 돌봐드릴 생각은 하지 않았을 게 아냐?"

이 말을 들으면서 막내아들은 하염없이 뉘우침의 눈물을 흘리기만 했다. 그래도 큰아들은 혹시나 하고 궤 속의 유리 조각들을 모두 쏟았다. 그랬더니 밑바닥에 '너의 부모를 공경하라'라고 적힌 쪽지가 붙어 있었다.

진심으로 공경하는 마음이 없이 그저 부양만 하는 것을 견마지양犬馬之養이라고 했다. 집에서 개나 말을 기르는 것과 같다는 뜻이다. 돈만 있다고 효자가 되는 것은 아니다.

어제보다 오늘,
오늘보다 내일

한 나그네가 새 마을에 들어가면서 길가에 앉아서 쉬고 있는 할머니에게 물었다

"여기 사는 사람들은 어떤가요?"

할머니가 그에게 되물었다.

"당신이 떠난 마을의 사람들은 어땠소?"

"말도 마세요. 비열하고 믿음성이 없기가 끝이 없지요."

할머니가 대답했다

"그렇다면 당신은 이 마을에서도 똑같은 사람들을 만나게 될 거요."

그 나그네가 지나간 지 얼마 후에 또 다른 여행자가 오더니 할머니에게 똑같은 질문을 했다. 할머니는 앞서 지나간 나그네에게처럼 똑같이 반문을 했다.

"당신이 먼저 있던 곳 사람들은 어땠소?"

"그곳 사람들은 매우 좋았습니다. 정직하고 부지런하고 친절했습니다. 나는 그런 곳을 떠나게 된 것이 매우 안타깝습니다."

할머니가 말했다.

"그렇다면 당신은 이곳에서도 마찬가지로 친절하고 정직하고 마음씨 좋은 사람들을 만나게 될 것이오."

희망은 오늘의 괴로움을 참아나갈 수 있는 힘이다

중국 남송 시대 허당 스님의 법어집 《허당록虛堂錄》에는 '연년호年年好, 일일호日日好'라는 말이 나온다고 한다. 지난해보다 새해가, 어제보다 오늘이, 오늘보다 내일이 더 좋을 것이라고 확신할 수 있는 사람은 없다. 그렇지만 지난해보다 올해, 어제보다 오늘, 오늘보다 내일 더 좋아질 것이라고 상상만 해도 오늘의 괴로움은 얼마든지 참아나갈 수 있을 것이다.

믿든 말든 봄에는 꽃이 피고, 가을에는 달이 유난히 밝고, 겨울에는 흰 눈이 더러운 땅을 덮는다. 또 아무리 무더운 여름에도 한

줄기 시원한 바람이 땀을 식혀준다. 하루가 지나고 밤이 되면 잠이 피로를 풀어준다. 그러면 또 무슨 좋은 일이 있을지도 모르는 새로운 아침을 맞는다. 그 얼마나 좋은 일인가. 길일이 따로 있는 게 아니다. 마음가짐, 생각하기에 따라 모든 날이 길일이 된다.

한번 술병에 술이 반 남아 있다고 상상해보자. 모든 것을 긍정적으로 보는 사람은 "술이 아직도 반이나 남아 있다"라며 좋아한다. 그런 사람은 삶을 긍정적으로 받아들이고 오늘의 역경을 헤쳐나간다. 부정적으로 생각하는 사람은 "술이 반밖에 남지 않았다"라며 안타까워한다. 이런 사람은 사소한 실수에도 쉽사리 좌절감을 느끼고 앞날을 비관하기 마련이다

모든 게 마음먹기 나름, 생각하기 나름이다. 또 운이란 게 따로 있는 게 아니다.

《논어》에 '여획女劃'이라는 말이 나온다. 스스로 한계를 긋는다는 뜻이다. 하루는 공자의 제자인 염구冉求가 한탄하듯 공자에게 말했다.

"저에게는 선생님의 훌륭한 가르침을 따라갈 힘이 없습니다."

공자는 이렇게 그를 타일렀다.

"정말로 힘이 없는 자는 도중에 결딴이 나는 법이다. 지금 너는 자기 능력에 스스로 한계를 지어놓고 있을 뿐이다."

5장

운명,
정해진 것이 바뀐다

우리의 인생은
아침 이슬과 같다

유방을 도와 천하를 통일하고 선인 수양에 나선 장량

프랑스의 작가 아나톨 프랑스가 《에피쿠로스의 동산》에서 이런 얘기를 했다. 그가 중학생 때 담임 선생님이 교실에서 '사람과 요정'이라는 우화를 들려준 적이 있다고 한다. 요정이 한 어린이에게 실 꾸러미 공을 한 개 주면서 이렇게 말했다.

"이 실은 네 일생의 하루하루를 담은 것이다. 시간이 너를 위해 흘러가게 하고 싶다고 생각할 때 실을 잡아당겨라. 실을 빨리 당기느냐 천천히 당기느냐에 따라 네 일생의 나날도 빠르게 지나가기도 하고 느리게 지나가기도 할 것이다. 실에 손을 대지 않는 한

너는 일생 중의 똑같은 시간에 머물러 있을 것이다."

어린이는 그 실을 받았다. 그리고 우선 어른이 되기 위해서, 그리고 사랑하는 사람과 결혼하기 위해서, 그리고 애들이 커가는 것을 보기 위해서, 돈이며 명예를 빨리 얻기 위해서, 걱정거리에서 해방되기 위해서, 슬픔이며 노환으로부터 빨리 벗어나기 위해서, 그리고 마지막으로 끔찍한 노년을 마감하기 위해 실을 잡아당겼다. 그 결과 어린이는 요정의 방문을 받고서 4개월과 6일밖에 살지 못했다고 한다.

장량張良은 유방劉邦이 천하를 통일하고 한나라 고조가 되기까지 가장 큰 공을 세웠다. 그런데 천하가 평정되자 "이제는 여한이 없다. 이제부터는 속세를 떠나서 선계仙界에서 살고 싶다"라고 말하고 은퇴한 다음에 선인 수양을 하기 위한 고행에 들어갔다. 그 것은 이만저만 힘든 것이 아니었던 모양이다. 이를 딱하게 여긴 유방의 미망인인 여후呂后가 장량에게 장자의 말을 인용하면서 이렇게 말했다.

"사람이 산다는 것은 문틈으로 흰 말이 달려 나가는 것과 같다. 그런데 그렇게까지 자기 자신을 괴롭힐 필요가 어디 있느냐. 좀 더 인생을 즐기면 어떻겠느냐."

이 말을 듣고 난 다음에 장량은 선인이 되는 것을 단념했다고 한다.

인생은 짧다는 말은 여러 사람이 했다. 이능李陵은 "인생은 아침 이슬과 같다"라고 노래했다.

삶이란 떠다니는 것과 같고, 죽음이란 쉬는 것과 같다

"천지는 만물의 역려逆旅이며, 광은光陰은 백대의 과객過客이요. 부생浮生은 꿈과 같다. 환歡을 좇는다 한들 기하幾何인가. 고인은 촛불을 켜고 밤새도록 놀았다. 그 이유는 알 만하다."

이백의 시를 풀이하자면 다음과 같다.

천지라는 것은 모든 것이 잠시 묵었다 가는 여관旅館과 같은 것, 시간이란 영원히 끝없는 나그네 길을 걷는 나그네와 같은 것, 그런 속에서 인생이란 허망하기가 꿈과 같다. 그래서 이 세상의 즐거움을 찾는다 해도 과연 얼마나 맛볼 수가 있겠는가. 옛 사람은 밤새도록 촛불을 켜고 놀았다.

여기 나오는 부생이란 말은 장자가 "인간의 삶이란 떠다니는 것과 같고其生若浮, 죽음이란 쉬는 것과 같다其死若休"라고 한 말에서 나왔다. 장자는 또 "인생이란 문틈으로 흰 말이 달려 나가는 것을 보는 것처럼 아차하는 순간에 지나지 않는다"라고 말했다.

이와 비슷한 말로 남가南柯의 꿈이라는 말도 있다. 술을 좋아하는 협객俠客이 있었는데, 집 남쪽에 있는 큰 아카시아나무 밑에서 술에 취해 드러누워 잠이 들었다. 그 협객은 꿈속에서 한 임금의 딸과 결혼하는 등 파란만장의 인생을 겪는다는 내용이다.

이 얘기는 그냥 인생의 영고성쇠의 허망함을 깨닫게 하려는 게 아니다. 사람은 누구나 허망한 꿈과 욕망을 가지고 산다. 그러나 비록 하잘것없는 인생이요, 지극히 무미無味하고 평범한 삶이라 해도 마음 편히 오래 사는 것만큼 좋은 것은 없다는 얘기이다. 그렇다고 마냥 편하게 오래 살기만 하면 좋은 것일까?

생과 사 사이의
'현재'를 살다

어제는 바꿀 수 없지만 오늘과 내일은 바꿀 수 있다

우리가 일상생활에서 흔히 사용하는 '운명'이라는 단어는 사용하는 사람에 따라 의미가 천차만별이다. 굳이 두 가지 의미로 나누자면, 하나는 우리의 삶이 타고난 천명대로 고정된다는 것이고, 또 하나는 타고난 천명이 있지만 개인의 의지에 따라 얼마든지 바뀔 수 있다는 것이다.

당연히 어느 한쪽의 주장만이 절대적으로 옳다는 것은 어불성설이다. 어떻게 생각하고 살아가야 할지는 자신의 삶의 태도에 달려 있을 뿐이다.

그리스어에서 운명은 모이라moira인데 원래 '몫' 또는 '수명'이란 뜻으로 사용되었다. 그러다가 나중에는 인간의 운명과 수명을 주관하는 '운명의 여신'으로 의인화되었다.

타고난 운명이라고 해도 고정불변의 것이 아니다. 각자 받은 '몫'을 어떻게 꾸려갈지는 순전히 자신에게 달렸다. 타고난 자질과 조건을 스스로 어떻게 활용하느냐에 따라 인생이 달라질 뿐이다. 어제는 바꿀 수 없지만 오늘과 내일은 얼마든지 바꿀 수 있다. 따라서 타고난 천명이 무엇인지를 알고, 그것에 끌려다니는 것이 아니라 스스로 자기 길을 걸어가는 것이 중요하다.

운세란 주어진 운의 진행 상태를 말한다. 운세가 강하고 좋은 사람이 있고, 그렇지 못한 사람이 있다. 설사 타고난 운세가 좋지 않다 하더라도 운세가 좋은 사람을 만나면 함께 운세가 좋아진다. 그리고 타고난 천명을 알면 스스로 운명을 바꿀 수 있다. 자신이 누군지를 알아야 자신의 삶을 제대로 꾸려갈 것이 아닌가.

아무리 좋은 것을 타고났다 하더라도 아무것도 하지 않으면 아무것도 아닌 것이다. 좋은 재료인지 나쁜 재료인지는 그것을 어떻게 다루느냐에 달려 있다. 예를 들어 좋은 물고기를 손에 넣었다 치자. 일류 호텔의 요리사는 최고급 일품요리를 만들어내지만, 동네 식당의 주인은 싸구려 튀김으로 만들어버리는 것과 같다.

일기일회, 일생 동안 단 한 번의 만남

　석가모니는 누구도 자기 생사에 대해서는 모른다고 했다. 그런 모르는 문제를 마냥 생각하는 것은 시간 낭비이니까 생과 사의 사이에 있는 '현재'를 소중히 해야 한다고 했다.

　일기일회—期—會, 일생 동안 단 한 번의 만남인 사람의 인연은 소중하다. 가족처럼 가까운 사람, 늘 아끼던 사람의 죽음에서 느끼는 슬픔을 달래기 위해서 잘 쓰는 말이다.

　사실 이 말은 좀 더 깊은 뜻을 갖고 있다. 모든 것이 무상한 세상에서 두 사람이 만나게 되는 것은 둘도 없는 인연이다. 그리고 이런 만남이 다시없는 것이라면, 그 순간순간을 성실하게 살아야 할 것이다. 이런 삶의 자세야말로 오늘날 가장 귀중한 것이 아닐까 싶다.

　강물은 쉴 새 없이 흘러 내려간다. 물 위에 뜨는 거품은 생겼다 사라지기를 반복한다. 모든 것은 항상 변한다. 무상無常이다.

　이것을 부정적으로 생각하면 인생은 허망하다는 비관론이 나온다. 만약 세상살이가 불변이라면 한 번의 고락은 영원하다는 의미가 된다. 그러나 그렇지 않다. 무상이니까 내일을 향해 희망을 가지고 살아갈 수 있는 힘이 생기는 것이다.

　《열자列子》의 양주편에 이런 얘기가 나온다.

"인생이란 고작해서 100년이다. 그나마 100세까지 사는 사람은 천 명에 한 명도 안 된다. 설사 그렇게 장수하는 사람이 있다 하더라도 어릴 때와 노망한 다음을 뺀다면 인간답게 사는 것은 그 절반인 50년밖에 안 된다. 그리고 그 50년도 밤에 잠잘 때와 낮에 하는 일 없이 빈둥거리는 시간을 뺀다면 절반밖에 남지 않는다. 그 25년도 병이 나거나 슬픔이나 괴로움으로 보내는 시간을 빼면 얼마나 남을까. 고작 10여 년밖에 되지 않을 것이다. 그 10년 동안이나마 제대로 살 수 있는 시간은 과연 얼마나 될까.

이렇게 짧은 인생인데 사람은 그동안 무엇을 할 수 있겠다는 것인가. 명리에 얽매이고 억척같이 허명을 좇고, 죽은 다음의 명예까지 신경을 쓰고, 겁을 먹은 채 보고 싶은 것도 보지 않고 듣고 싶은 것도 듣지 않고 참으며 산다. 그러고는 주위의 평가에 마음을 쓴 나머지 스스로 시비의 판단도 하지 않으려 한다. 또한 눈앞에 보이는 즐거움을 외면한 채 마음 내키는 대로 처신하는 것을 꺼린다. 그야말로 손발이 묶인 죄인과 조금도 다름이 없는 것이다. 사람은 사람답게 살아야 한다."

삶의 질이
길이보다 더 중요하다

부처님도 이렇게 제각기 수명이 다르다

내가 어렸을 때는 시곗바늘이 요즘보다 한결 천천히 돌아갔던 것 같다. 요즘은 정신 차릴 사이도 없이 바쁘게 돌아가고 있다. 그러고 보면 시간이란 상대적인 것인가 보다.

누군가가 아인슈타인에게 상대성원리를 쉽게 설명해달라는 부탁을 했다. 아인슈타인은 빙그레 웃으면서 말했다.

"미운 사람과 있을 때는 시간이 지루하게 느껴지는데 젊고 아름다운 여성과 앉아서 얘기를 나눌 때면 시간 가는 줄 모르지 않나요. 이와 같은 원리입니다."

이와는 좀 얘기가 다르겠지만, 부처님 중에도 일면불日面佛이 있고 월면불月面佛이 있다.

당나라의 마조도일馬祖道一 선사禪師가 위독하다는 소식을 듣고 달려온 한 스님이 "오늘은 용태가 어떠하십니까?"라고 물었다. 그러자 마조 선사는 "일면불, 월면불"이라고 대답했다.

부처님은 헤아릴 수 없이 많은데, 그중에 태양 같은 얼굴을 한 일면불이라는 부처가 있고, 달 같은 얼굴을 한 월면불이라는 부처가 있다. 그런데 일면불은 1800년이나 장수를 한다. 그러나 월면불의 수명은 낮과 밤 단 하루밖에 되지 않는다.

"부처님도 이렇게 제각기 수명이 다르다. 하물며 우리와 같은 인간 따위가 하루를 더 살든 한 해를 더 살든 그 무슨 대단한 일이냐. 죽을 때가 되면 누구나 죽기 마련이고 그저 살아 있는 동안 사는 것뿐이다."

마조 선사가 "일면불, 월면불"이라고 한 말에는 이런 뜻이 담겨져 있었다. 이 밖에 가르침이 하나 더 있다. 곧 사람의 일생에서 중요한 것은 길이가 아니라는 뜻을 강조한 말이었다.

사람은 누구나 죽을 때가 되면 죽게 되고, 짧게 살든 길게 살든 살아 있는 동안을 산다는 것에는 다름이 없다. 마조 선사의 말대로 단 하루를 살든 천 년을 살든 모두 부처님이기는 마찬가지이다.

사람에게 중요한 것은 얼마나 오래 살았느냐가 아니다. 어떻게 살았느냐 하는 삶의 질이 중요하다. 그렇다면 언젠가 어김없이 다가올 죽음을 두려워하기보다 살아 있는 지금 한순간, 오늘 하루를 얼마나 충실히 살아가느냐가 더 중요하다.

매일같이 오늘이 당신의 마지막 날이라고 생각하라

두보杜甫가 불우한 자기 친구의 아들인 소계蘇溪에게 다음과 같은 시를 써주었다.

"근처에 있는 도랑이나 꺾인 오동나무를 보아라. 썩어빠진 낡은 재목이라도 손질만 잘하면 거문고를 만들 수가 있으며, 오래되고 근소한 물이라도 교룡蛟龍을 잠겨둘 수가 있는 것이다. 자네는 그런 오동나무며 용과 같다.

인간이란 관 뚜껑을 닫을 때 비로소 그 성패가 결정되는 것이며, 사소한 불운이나 실패에 굴복해서는 안 된다. 자네는 아직 젊다. 일을 하는 것은 이제부터가 아니겠는가. 왜 의기소침해서 산속에 숨어 살려고 하는가. 자네와 같은 인물은 심산유곡에 갇혀 있어서는 안 된다. 그곳은 천둥이며 마물이 살고 있는 데다 광풍마저 불고 있으니 빨리 그런 곳에서 빠져나와라."

유태인의 성전인 '탈무드'에 이런 말이 나온다.

"매일같이 오늘이 당신의 마지막 날이라고 생각하라. 매일같이 오늘이 당신의 첫날이라고 생각하라."

참으로 멋진 말이다. 오늘 하루의 한 시간, 일분일초를 어떻게 사느냐에 따라서 인생이 풍요롭게도 되고 가난해지기도 하는 것이다. 그렇다면 오늘 하루를 헛되이 보낼 수는 없지 않겠느냐는 가르침이다.

우리의 짧은 인생은 우리 자신이 짧게 만들 뿐이다

황제 네로의 스승이던 세네카가 남긴 말에 이런 게 있다.

"우리는 짧은 인생을 받은 게 아니라, 우리 자신이 그것을 짧게 만들고 있는 것이다."

한마디로 허송세월을 보내지 말라는 것이다.

"천지는 영원하지만 인생은 다시 돌아오지 않는다. 사람의 수명은 고작 100년. 그것도 순식간에 지나간다. 다행히 이 세상에 태어났다면 그저 즐겁게 살고 싶어 하지만 말고 헛되이 지내는 것에 대한 두려움을 가져야 한다."

이것은 《채근담》에 나오는 말이다

한번은 옛 학교 친구들의 모임에서 평소에 말이 적던 한 친구가
혼잣말처럼 이렇게 중얼거리는 것을 들었다.

"정년퇴직한 지 20년이 되었는데 그동안 무엇을 하고 지냈는지
모르겠다."

세월이 그렇게 덧없이 흘러갔다는 뜻인지, 허송세월을 했다는
후회가 담긴 말인지는 잘 모르겠다.

존 그린리프 휘티어의 시에도 이런 구절이 나온다.

"사람이 말하고 글로 쓰는 중에서 가장 슬픈 말은 '만약에 그때
내가 했더라면'하는 것이다."

"인생이 소중하다고 생각하느냐? 그렇다면 시간을 헛되게 쓰지
않는 게 좋다. 시간이야말로 인생을 형성하는 가장 중요한 재료인
것이다."

이렇게 말한 벤저민 프랭클린이 자서전에서 다음과 같은 에피소
드를 소개했다. 그가 책방을 경영하던 시절의 얘기이다. 어느 날
한 고객이 책을 고른 다음에 "이 책은 얼마요?"라고 물었다.

프랭클린이 답했다.

"1달러입니다."

"좀 깎아줄 수 없소?"

"그렇다면 1달러 15센트로 해드리죠."

"아니, 나는 값을 깎아달라고 말했는데요."

"그러니까 1달러 50센트로 해드리는 겁니다."

"왜 값이 자꾸 올라가기만 하는 거요?"

"그럴 수밖에 없습니다. 제게는 시간이 돈이니까요."

우리가 살아가는 동안 1분 1초를 아껴가며 살 만한 가치가 있다고 자부하며 실천하는 사람이 얼마나 될까?

사람의 운명에는
필연과 우연이 있다

《침중기枕中記》에 이런 고사가 있다 당나라 현종 때 한단邯鄲이라는 마을의 주막집에 여옹呂翁이라는 도사가 머물고 있었다. 때마침 노생盧生이라는 젊은이가 그를 찾아와 신세타령을 했다

이야기를 마치고 나서 노생은 깜빡 졸기 시작했다. 그러자 여옹이 양쪽에 구멍이 뚫린 목침을 받쳐주었다. 젊은이는 꿈속에서 그 구멍 안으로 들어갔다. 그 안에는 큰 집이 있었다. 그 집에서 젊은이는 지체 높은 집안의 딸을 아내로 맞고, 과거에도 합격해 출세하기 시작하더니 드디어 정승 자리까지 올랐다.

그러나 얼마 뒤 그를 시기한 사람들의 모함을 받아 지방으로 좌천되었다. 그는 자신의 인생이 여기서 끝나는가 보다고 생각했으나, 3년 뒤에 다시 정승 자리로 돌아오게 되었다. 이제 다시는 불행이 없으려니 했더니 또다시 반역 혐의를 받고 체포되었다. 노생은 잡혀가면서 이렇게 탄식했다

"누더기를 걸치고 살던 옛날이 생각난다. 그때는 땅 몇 마지기라도 그럭저럭 마음 편히 살 수 있었다. 그런 걸 공연히 과욕을 부려 이 신세가 되었구나."

다행히 그는 감형되어 유배에서 풀려나 다시 정계에 복귀하게 되었다. 여기까지 꿈꾸다 깨어보니 잠들기 전에 불 위에 올려놓았던 황량(좁쌀 중에서도 메조를 뜻함)이 아직 끓지도 않은 채였다. 그러자 여옹이 다음과 같이 타일렀다.

"부귀공명이란 모두 꿈처럼 덧없는 것이라네."

'한단지몽邯鄲之夢'이란 말이 여기서 비롯되었다. 인생의 부귀영화란 이렇게 한낱 꿈과 같이 허망한 것이다. 그래서 소식蘇軾도 "인생은 꿈과 같다"고 노래했다.

사람의 운명은 흙 속에 묻힌 다음에야 정해지는 것이다

명나라에 위료범韋了凡이라는 사람이 있었다. 홀어머니 밑에서 자란 그는 집이 어려워 과거 시험을 볼 여유가 없었다. 그래서 그

는 어머니의 희망에 따라 의사가 되기로 했다.

　그러던 어느 날 길에서 한 노인을 만났다. 노인은 위료범의 얼굴을 뚫어지게 쳐다보더니 한탄하며 말했다.

　"참으로 딱도 하다. 너는 진사가 될 운명을 타고났어. 너는 몇 살 때 과거의 예비 시험에 몇 번째로 합격하고, 2차 시험에서는 몇 번째로 합격하고, 마지막 시험에서는 몇 번째로 합격한다. 그리고 진사가 된 다음 몇 년 몇 월에 죽는다. 자식은 없다."

　이 말에 감격한 소년은 마음을 바꾸고 과거 공부에 전념했다. 신기하게도 모든 것이 노인의 예언대로 되어나갔다. 그러자 산다는 것이 너무 무의미해졌다.

　'인생이 천명대로 이미 정해져 있다면 굳이 애써 일하거나 남과 경쟁해가며 출세하려 한들 무슨 소용이 있겠는가. 사람에게는 가능성이 있어야 살맛이 나고, 희망이 있어야 신바람도 난다. 자식도 없이 고작 중간급 공직자로 끝나는 줄 뻔히 알고 있다면 인생은 무미할 수밖에 없다.'

　고심 끝에 나름대로 이렇게 생각하게 된 것이다. 어느 날 그는 공무로 지방을 여행하다가 한 절에 묵게 되었다. 그때 그 절의 스님이 그에게 물었다.

　"당신을 자세히 관찰해보니 젊은 나이에 달관한 듯 범상치 않은 풍모를 갖추고 있습니다. 대체 무슨 수업을 하셨습니까?"

그는 어릴 때 만난 노인의 이야기를 들려준 다음, 그 뒤부터 인생에 체념하게 되었노라고 말했다. 그러자 스님이 얼굴을 찌푸리더니, "그렇다면 당신은 참으로 보잘것없는 인간이로군. 내가 크게 잘못 보았구나"라고 말했다.

그가 의아해하자 스님은 다음과 같은 말로 그를 타일렀다.

"과연 인간에게는 운명이라는 게 있다. 그러나 그 운명이 어떤 것인지는 일생 동안 탐구해도 알까말까 한 것이다. 그것은 흙 속에 묻힌 다음에야 정해지는 것이다. 그 노인의 말대로 그렇게 간단하게 인간의 운명이 정해져 있다면, 고금의 성현들은 공연한 일을 해온 꼴이 된다. 당신의 운명이나 능력이 그처럼 한 늙은이가 알아맞힐 정도에 지나지 않는다면 살아갈 가치조차 없는 게 아닌가."

이 말은 그에게 여간 충격적인 게 아니었다.

나라와 마찬가지로 개인의 운명에도 필연과 우연이 있다. 사람의 힘으로 개척해나갈 수 있는 부분이 있고, 그렇지 않은 부분이 있다. 사람에게는 타고난 팔자가 있는 것은 사실이다. 그러나 부잣집에 태어난 아이가 반드시 끝까지 잘살 수 있다는 보장은 없다. 인생에는 헤아릴 수 없이 많은 변수가 있기 때문이다. 그 변수를 자기 노력으로 어떻게 살리느냐에 따라 팔자가 바뀌고 인생이 달라지는 것이다.

스님의 이야기를 들은 다음부터 그는 완전히 딴사람이 되었다. 그리고 그때부터 이상하게도 노인의 예언이 맞지 않았다. 없다던 자식도 갖게 되었고, 죽는다고 예언했던 때가 와도 죽지 않았다. 그는 임진왜란 때 이여송을 따라 참전하기도 했다. 그리고 역易이며 점, 관상을 믿고 사는 어리석음을 타이르는 책을 후손에게 남겼다.

"《주역》이란 하늘을 섬기던 시절의 책입니다"

《주역》에 대해 누구보다도 깊은 연구를 한 정약용도 앞날을 점치는 것을 몹시 못마땅하게 여겼다. 강진에서 귀양살이를 하고 있던 그는 역시 흑산도에서 귀양살이를 하고 있던 둘째 형 정약전에게 이런 편지를 보냈다.

"《주역》이란 하늘을 섬기던 시절의 책입니다. 그런데 하늘을 섬기지 않는 요즘 사람들이 옛사람들처럼 점치는 일을 해서야 되겠습니까? 《주역》이 점을 치기 위해 있는 책은 아니지 않습니까? 저는 유배된 다음부터 10년이 넘도록 《주역》 공부에 전념했습니다만, 단 하루도 젓가락을 굴리며 점을 쳐본 적이 없습니다. 만약 제 뜻이 이루어져 조정에 복귀할 기회가 있게 되면 앞으로는 점치는 것을 엄금하도록 하렵니다. 설혹《주역》을 만든 문왕文王)이나 주공周公이 되살아난다 해도 점치는 일은 하지 않을 것입니다."

그러나 지금 우리는 정약용의 시대보다 더 점과 복卜과 역易과 도참圖讖 또는 점성술에 빠져들고 있다. 우리나라의 젊은 여성들만 사주 카페를 즐기고 있는 것은 아니다. 일본에서도 도쿄의 번화가에 버젓이 역술인들을 찾는 고객이 끊이지 않는다고 한다. 그만큼 점을 믿는 사람이 많다는 증거이다. 그것은 어쩌면 반과학 반이성의 시대를 반영하고 있는 것인지도 모른다.

여러 해 동안 세계적인 베스트셀러가 되었던《소피의 세계》에서 소녀 소피가 그녀의 철학 선생과 함께 들어간 서점에서《심령술의 신비》나《점성술의 모든 것》과 같은 책들이 즐비하게 쌓여 있는 것을 발견한다.

그것을 보고 선생이 말한다.

"이것도 20세기란다. 우리 시대의 사원寺院이다."

그런 엉터리 책들을 왜 사람들이 읽느냐고 소피가 묻자, 그는 다음과 같이 대답한다.

"따분한 일상생활을 초월한 '신비적인 것'이나 '다른 세상의 것'에 대한 동경을 느끼기 때문이다. 그뿐이 아니다. 이성으로 설명될 수 없는 일들이 너무 많을 때에는 사람들이 어쩔 수 없이 신비로운 것에 의지하게 된다. 서양의 합리주의는 땀을 흘린 만큼 수

확이 늘어나는 자연이 만들어냈다. 서양의 자본주의는 열심히 일하면 일한 만큼 하느님의 축복을 받아서 돈을 모을 수 있다는 신념이 만들어냈다."

옛날에는 아무리 땀을 흘리며 일해도 잘살지 못한다는 불합리한 현실이 한국인으로 하여금 팔자타령을 하게하고 요행수를 바라게 만들었다. 그런데 옛날 이상으로 우리는 지금 불합리한 세상을 살아가고 있다. 세상은 진실이나 도리, 법도를 따라 움직이고 있지 않다. 확실한 것은 아무것도 없다. 언제 무슨 일이 일어날지 아무도 예측하지 못한다.

이럴 때 사람들을 유혹하는 것이 점술의 세계이다. 비록 내일의 일이 틀린다 해도 적어도 오늘 우리의 마음을 달래줄 수 있는 것이다. 아무리 착한 마음으로 열심히 일해도 하루도 편할 날이 없을 때에는 누구나 하늘을 원망할 수밖에 없다. 그런 원망은 뒤집어 놓으면 하늘에 대한 기원이 된다. 그것은 옛날이나 지금이나 다름이 없다. 아무리 발버둥 쳐도 잘살 수 없다고 여기는 사람은 모든 것을 팔자소관으로 돌리거나 삼재三災 탓으로 돌린다. 그리고 요행을 바란다. 그것이 바로 점과 무속의 세계로 사람들을 이끄는 것이다.

사람들은 행운을 불러들이기 위해 굿을 하고, 화를 모면하기 위해 살풀이를 하고, 큰 액을 몰아내기 위해 액땜을 한다. 그리고 다가오는 불행을 막기 위해 부적을 간직한다. 보통 사람들만 그러는 게 아니다. 역대 대통령도 점술사들을 늘 주위에 두고 지냈다. 그 것은 정치에 자신이 없기 때문이기도 했다.

내 인생은
내 눈금으로 설계하라

꿈을 찾느라 망설인다면 앞으로 나아가지 못한다

《열자》에 이런 얘기가 나온다. 어느 양반집에서 염소를 한 마리 잃어버렸다. 주인은 하인을 모두 내보내 염소를 찾았지만, 그래도 손이 모자라자 이웃집 하인까지 빌렸다. 한참 후 돌아온 하인들에게 주인이 물었다.

"찾았느냐?"

"못 찾았습니다."

"왜 못 찾았느냐?"

"워낙 갈림길이 많은 데다가 샛길도 많아서 어디로 갔는지를 알 수가 없었습니다."

염소가 도망칠 수 있는 길이 아무리 많다고 해도, 우리가 사는 인생길에 비할 수 있을까. 인생에는 갈림길도 많고 샛길도 무수하다. 그중에서 어느 길로 가야 염소, 즉 꿈을 찾을 수 있는지를 몰라 제자리에 선 채 망설이고만 있으면 헛수고로 끝날 수밖에 없다. 신중함과 망설임은 크게 다른 것이다.

아버지가 아들에게 "너는 매우 똑똑하니 불교 공부에 전념하면 훌륭한 스님이 될 수 있다"라고 일렀다. 아버지의 말에 따라 스님이 되기로 결심한 아들은 똑똑한 머리를 이리저리 굴렸다.

'내가 유명한 스님이 되면 수많은 곳에서 불법을 전해달라고 할 테고, 그때마다 필시 말로 나를 모시러 올 텐데 나는 말을 탈 줄 모르잖아. 만약 내가 낙마라도 한다면 뭇사람의 웃음거리가 될 텐데⋯⋯.'

걱정이 된 아들은 우선 말 타는 연습부터 해야겠다는 생각에 열심히 승마 연습을 했다. 말 타는 연습이 끝날 무렵이 되자 아들에게 또 다른 생각이 들었다.

'법요法要가 끝나면 시주가 술을 권하면서 대접할지도 모른다. 그런데 내가 너무 재주가 없으면 실례가 되지 않을까? 그러니까 무언가 예를 알아둬야겠다.'

아들은 이번에는 열심히 노래를 배우기 시작했다. 이리하여 아들은 승마와 노래 솜씨가 크게 늘었다. 하지만 정작 불교를 공부할 틈이 없어 끝내 그는 훌륭한 스님이 되지 못한 채 죽었다.

얼굴이 똑같은 사람은 하나도 없다

"군자는 냉정하게 눈을 똑바로 뜨고 현실을 바라보아야 한다. 한번 이렇다고 정하면 경망스럽게 태도를 바꾸어서는 안 된다."

《채근담》에 나오는 말이다. 자신의 인생은 다른 사람의 눈금으로 설계해서는 안 된다. 남의 눈금에 맞춰 살아갈 수도 없다.

"몇천만이나 되는 얼굴 중에서 똑같은 얼굴이 단 하나도 없다는 것은 인류 공통의 경이가 아니겠는가."

영국 의학자 토머스 브라운의 말이다. 이는 모든 사람이 각자 나름의 긍지를 가지고 살라는 뜻이다. 사람마다 얼굴이 다르듯 개성이 다르고 재능이 다르고 자라는 환경도 다르다. 운명이 같을 수는 없다. 따라서 남과 자기를 비교해서는 안 된다. 나에게는 나에게 어울리는 길이 있고, 내가 생각하는 행복이 따로 있다

"너의 운명에 만족하라. 사람은 모든 것에 1등일 수는 없다."

이솝이 한 말이다.

운명의 끝손질은
사람의 몫이다

이유를 모르는데 그렇게 되는 것이 바로 운명이라는 것이다

불행의 슬픔이나 재난의 고통을 손쉽게 이겨낼 수 있으려면 모든 것을 하늘의 뜻으로 돌리면 된다. 이처럼 어느 의미에서는 천운이니 천명이니 하는 사상은 괴롭고 불합리한 현실의 산물이기도 하다. 그렇지 않으면 소동파가 한탄했듯이, 왜 정의가 지고 악이 승자가 될 수 있는지를 설명할 길이 없을 것이다.

궁형宮刑을 당한 사마천은 《사기史記》에서 비통한 목소리로 하늘을 향해 울부짖었다.

"천도는 정말로 있는 것인가? 천도는 과연 옳은 것인가, 옳지 않은 것인가?"

그런 사마천으로 하여금 절망적인 상황 속에서 삶의 의지를 갖게 만든 것 역시 사실은 '천명사상'이었다. 궁형을 당한 사마천에게만 한정된 이야기는 아니다. 누구나 살다 보면 참으로 세상이 공평하지 않다고 느낄 때가 한두 번이 아닐 것이다. 착하디착한 사람이 고생고생하며 사는가 하면, 못된 짓을 밥 먹듯 하는 교활한 인간이 버젓이 호강하며 장수를 누린다. 정말로 "하늘도 무심하다"라고 절로 한탄이 나올 만큼 천도를 의심하게 만드는 경우가 많다.

장 콕토는 소설가이자 시인, 화가, 무대 연출가, 영화감독이기도 한 천재였다. 언젠가 그에게 운명을 믿느냐고 누군가가 물었다. 그러자 그는 다음과 같이 답했다.

"물론 믿지. 그렇지 않으면 당신이 좋아하지 않는 못된 사람들의 성공을 어떻게 설명할 수 있겠는가?"

우리나라에는 성도 같고 이름도 같은 사람이 참으로 많다. 생일이 똑같은 사람도 많다. 즉 사주까지 똑같은 사람이 많다. 이치로만 따진다면 이들은 모두 팔자도 같아야 할 것이 아닌가. 옛 중국에서도 같은 의문을 품은 사람이 있었나 보다.

"여기 두 사람이 있는데 나이도 재산도 재능도 얼굴 모양도 형제처럼 닮았다. 그런데 수명의 길이, 신분의 상하, 명성 등은 아버지와 아들만큼이나 다르다. 나는 그것을 알 수 없다."

이렇게 양포揚布가 묻자 양자揚子가 대답했다.

"옛사람의 말 중에서 기억나는 게 있다. 그렇게 될 까닭을 알 수가 없는데 그렇게 되는 것이 바로 운명이라는 것이다."

엊그제까지도 멀쩡하던 사람이 갑자기 죽거나, 똑같이 교통사고를 당했는데 죽는 사람이 있고 살아남는 사람이 있는 것을 보면 분명 천명이 있다고 볼 수밖에 없다. 부잣집에서 태어나 죽는 날까지 고생을 모르고 사는 사람이 있는가 하면, 남 못지않게 재능도 있고 노력도 하는데 하는 일마다 실패하는 사람도 있다.

부귀란 지력으로만 얻어지는 것은 아니다

"부귀란 지력智力으로만 얻어지는 것은 아니다. 만약 부귀가 지력만으로도 얻을 수 있는 것이라면, 공자 같은 이는 젊어서 이미 제후의 자리에 올라앉아야 마땅한 일이다. 세상 사람은 저 푸른 하늘이 정해놓은 뜻, 곧 운명運命이 있다는 것을 알아야 한다."

이렇게 《명심보감》에도 적혀 있다.

이런 것을 보면 정말로 운명이니 팔자라는 게 있는 것인지도 모른다. 그렇다면 자기 자신의 운명에 대해 사람은 전혀 발언권이 없는 것일까?

그렇지는 않을 것이다. 성공하는 사람에게는 그럴 만한 이유가 있을 것이며, 실패하는 사람에게도 그럴 수밖에 없는 이유가 있을 것이다. 만약에 정말로 모든 것이 천명에 의해 미리 정해져 있다면 살맛도 없어질 것이다. 정말로 사람은 운명을 따르기 마련이라고 한다 해도 적어도 마지막 끝손질은 사람이 스스로 하는 것이다. 이렇게 생각해야 살맛도 있는 게 아닐까.

어원사전을 보면 행복의 행幸은 수갑 모양의 형틀을 본 따서 나온 글자라고 한다. 형벌을 받는다는 것부터가 불행일 텐데, 죽음을 면하고 손에 수갑을 차는 정도로 끝나는 것은 다행이라는 뜻에서 나왔는가 보다.

한편 괴로운 신산辛酸의 '신' 자는 몸에 문신을 새기는 형벌을 받을 때 쓰는 침의 모양을 형상화했다고 한다. 두 글자를 자세히 보면 '幸'과 '辛'의 차이는 옆으로 그은 줄 하나가 있고 없고밖에 없다. 줄 하나에 따라 사람의 행복과 불행이 갈라진다는 것은 여간 함축적인 얘기가 아니다.

6장

―――

오늘은
죽기에 딱 좋은 날

인간은 죽음을 기다리며
살아간다

천리마도 늙으면 걸음이 느린 노새만도 못하게 된다

아무리 비참한 생활이라 하더라도 살아 있는 게 죽는 것보다 낫다고 여기는 사람들이 많다. 흔히 죽지 못해 산다고 말하기도 하지만, 막상 죽음이 닥치면 어떻게든 죽음을 모면하려 한다. 그런가 하면 오래 살면서 추한 꼴을 남에게 보이기 싫어하는 사람도 있다. 어느 쪽이 더 올바른 생각인지는 사람이나 상황에 따라 달라질 수밖에 없다.

《전국책戰國策》에는 이런 말이 나온다.

"기린(천리마)은 하루에 천리를 달리지만, 늙으면 노마(둔한 말)

에게도 뒤진다. 힘이 장사인 맹분孟賁도 늙으면 연약한 아녀자만 못하게 된다."

이렇게 늙는 것도 서러운 일인데, 조금이라도 늙은 티를 내면 가정에서나 사회에서나 구박덩어리 신세가 된다. 어린 손자들까지 늙은 할아버지는 냄새가 난다느니, 말이 안 통한다느니 하며 반기지 않는다. 지하철역에서 노인들에게 우대 승차권을 건네주는 역무원의 손끝에도 경로敬老의 마음씨가 조금도 담겨 있지 않다.

하기야 늙은이에 대한 대접은 예나 지금이나 별로 달라지지 않았다. 여곤呂坤은 《신음어呻吟語》에서 이렇게 한탄하기도 했다.

"세상 사람은 노추老醜라고 말하지만, 성인聖人은 이를 고로古老라고 부르며 존경한다."

여곤의 말은 다음과 같이 계속된다.

"세상 사람은 어리석다는 것을 부끄럽게 여기지만, 군자는 일부러 스스로를 우愚라고 여긴다. 세상 사람은 가난을 부끄럽게 여기지만, 고결한 인물은 가난을 오히려 깨끗하다며 높이 평가한다. 세상 사람은 담백함을 싫어하지만, 지자智者는 오히려 담백한 맛을 소중히 여긴다. 유인幽人은 세상 사람이 냉혹하다고 여기는 것도 침착함으로 받아들이고 오히려 그것을 보배롭게 여긴다."

지당한 말이다. 물론 늙는다고 해서 모두가 고로古老가 되는 것은 아니다. 군자가 좋아하는 우愚란 겉으로만 어리석은 체하고, 잘

난 체하지 않는다는 것을 말한다.

사람의 목숨은 파리 목숨과도 같다고 우리는 입버릇처럼 말한다. 서양 사람들도 마찬가지이다. 노벨상을 받은 사뮈엘 베케트도 "인간이란 죽음을 기다리며 사는 존재이다"라고 말하기도 했다.

참으로 허망한 것이 인생이다. 무엇이 삶과 죽음의 갈림길인지 전혀 종잡을 수도 없다. 그래서 사람들은 곧잘 팔자타령을 하고 운명타령을 한다. 석가는 사람은 왜 태어나서 힘들게 사느냐는 의문을 풀기 위해 출가했다. 범속의 우리는 왜 사람은 죽어야 하느냐는 의문에 매달린다. 우리에게 죽음처럼 무서운 것은 없다.

"정말로, 정말로 죽고 싶지 않다"

옛날 일본에 선애仙厓라는 학식이 높은 선승이 있었다. 그의 임종을 맞아 제자들이 자리에 모여 스님으로부터 고승다운 기막힌 명언이 나오리라 기대하면서 "스님, 돌아가시고 싶으십니까?"라고 물었다. 스님은 엄숙한 표정으로 "죽고 싶지 않다"라고만 말했다. 뜻밖의 대답에 제자들은 혹시 자신들이 잘못 듣지나 않았는가 하고 다시 "돌아가시고 싶으십니까?"라고 물었다. 그러나 스님의 대답은 조금 전과 똑같이 "죽고 싶지 않다"라는 것이었다. 그리고는 더 이상 묻지 말라는 듯이 "정말로, 정말로 죽고 싶지 않다"라고 중얼거리며 눈을 감았다고 한다.

"죽고 싶지 않다"라는 그의 말에는 혹여 우리가 헤아리지 못하는 깊은 뜻이 담겨 있었는지도 모른다. 또는 우리와 마찬가지로 죽음에 대한 본능적인 두려움과 삶의 욕망을 솔직하게 나타낸 것이었는지도 모른다.

사랑하는 딸을 잃은 어머니가 죽은 아이를 안고 석가를 찾아와 "왜 이 아이가 죽어야 했습니까. 제발 석가님의 힘으로 이 아이를 되살려 주십시오" 하며 울부짖었다. 석가는 이렇게 대답했다.

"어머니가 불쌍한 딸의 죽음을 서러워하는 것은 당연한 일이다. 그러나 생명이 있는 것은 모두 언젠가 죽어야 한다. 만약 딸이 어떻게 해서든 되살아나기를 원한다면, 옛날부터 한 번도 죽은 사람이 없는 집을 찾아내거라. 그러면 내가 이 아이를 되살려 주겠다."

이 말을 듣고 어머니는 누구나 언젠가 죽게 마련이라는 진리를 깨닫게 되었다.

석가에게도 죽는 날이 다가왔다. 그때 제자 아난다가 북받쳐 오르는 슬픔을 참다못해 방 밖으로 나갔다. 석가는 그를 다시 불러들인 뒤 이렇게 타일렀다.

"아난다여, 슬퍼하지 마라. 울어서는 안 된다. 내가 늘 가르쳐오지 않았느냐. 사랑하는 사람과는 언젠가 반드시 헤어지게 된다는 것을. 또 태어난 자는 모두 사라진다는 것을. 아난다여, 오랫동안 내 시중을 들어주어 고맙다. 내가 죽은 뒤에 혹시 '우리 스승의 말씀은 끝났다. 이제 우리의 스승은 없다'라고 여길지도 모른다. 그러나 그것은 잘못된 생각이다. 비록 내 육체는 멸한다 해도 내 가르침은 언제까지나 살아 있을 것이다. 이 세상의 모든 것은 무상無常하다. 방일放逸하지 말고 계속 정진하거라. 이것이 내 마지막 말이다."

여기서 '가르침'을 '사랑'으로 바꾸어 생각한다면, 남은 사람들에게 조금이라도 힘이 될지도 모르겠다.

죽음은
예고 없이 다가온다

삶의 모든 게 죽음의 예고였다

기골이 장대한 사나이가 길을 걷고 있는데, 그 앞을 피골이 상접한 사나이가 가로막았다. 화가 난 큰 사나이가 길을 비키라고 소리치자, 상대방이 "나는 죽음의 신이다. 아무도 감히 나와 맞서지 못한다. 또한 누구도 내 말을 듣지 않으면 안 된다"라고 대답했다.

이 말을 듣고 더욱 화가 난 큰 사나이는 죽음의 신을 마구 두들겨 팼다. 힘으로는 당해낼 수가 없었던 죽음의 신은 그 자리에 쓰러지고 말았다. 그는 큰 사나이가 간 후, 다음과 같이 중얼거렸다.

"내가 이대로 길바닥에 그냥 쓰러져 있을 수만은 없다. 내가 일하지 않으면 죽는 사람이 없어져서 온 세상이 인간으로 넘치게 될 것이다."

그때 죽음의 신이 기진맥진해 있는 것을 보고 딱하게 여긴 한 젊은이가 따뜻이 그를 간호해주었다. 죽음의 신은 그에게 "내가 누구인지 알고 있느냐?"라고 물었다.

"모릅니다."

"나는 죽음의 신이다. 나를 살려준 것은 고맙지만 그렇다고 해서 너만 특별 대접할 수는 없다. 다만 너에게만은 죽음을 미리 알려주겠다."

이 말을 듣고 난 다음부터 젊은이는 마음 놓고 살았다. 세월이 한참 지난 어느 날 이제는 노인이 된 젊은이 앞에 느닷없이 죽음의 신이 나타나서 말했다. 죽을 날이 왔다는 것이었다.

"예고를 하고 온다더니 약속이 틀리지 않습니까?"라고 그가 항의했다. 죽음의 신이 말했다.

"예고의 사자使者를 그동안 여러 번이나 보냈는데 무슨 소리냐. 통풍도 있었을 것이고, 눈도 어둠침침해졌을 것이고, 여러 날 열병도 앓았을 것이 아니냐. 혈압이 높아져서 정신이 혼란스러웠던 때도 있었을 것이다. 그 모든 게 죽음의 예고였다."

이 말을 듣고 그 젊은이는 아무 소리도 못한 채 죽음의 신에게 끌려갔다. 그림 형제의 동화책에 나오는 이야기이다.

"꺼져라, 꺼져라. 잠시뿐의 등잔불이여!"

《맥베스》는 거역할 수 없는 운명에 이끌려 파멸의 길을 걷는 주인공들이 등장해 인간의 비극을 웅변해준다. 자신이 저지른 죄악의 굴레에서 신음하다가 죽음을 맞이하는 맥베스는 이렇게 울부짖는다.

"내일, 또 내일, 또 내일. 이렇게 시간은 잰걸음으로 하루하루를 걸어 나간다. 그러다가 끝내는 역사의 마지막 순간에 도달한다. 그리고 어제라는 날은 모두 어리석은 인간이 먼지가 되어버리는 죽음에의 길을 비추어왔다. 꺼져라, 꺼져라. 잠시뿐의 등잔불이여……

인생은 한낱 걸어 다니는 그림자요, 딱한 배우일 뿐이다. 무대 위에서는 아무리 거창한 체해도 연기가 끝나면 사라져버린다. 백치가 떠들어대는 이야기일 뿐이다. 소리도 요란스럽고 노기도 대단하지만 뜻은 없다."

맥베스 장군의 마지막 절규는 죽음을 목전에 둔 우리의 속마음과 별반 차이가 없을 것이다. 아무리 사람이 잘난 체해도 그 때뿐이다. 때가 지나고 나면 아무것도 아니다. 권력도 명예도 때가 지나고 나면 별게 아니게 된다. 죽음 앞에서는 모든 게 평등해진다는 말은 언제나 새겨야 할 경구가 아닌가.

여배우는 과거와 현재, 꿈과 현실을 혼동한다

〈선셋 거리〉라는 유명한 영화가 있다. 주인공은 미모를 자랑하던 인기 배우였지만, 지금은 사람들의 기억에서조차 잊히고 있다. 그러나 그녀는 옛적의 명성과 영광을 잊지 못한다. 그녀는 집 밖으로 한 걸음도 나가지 않은 채 자기가 주연했던 옛 영화만을 되풀이해 볼 뿐이다. 그러는 사이에 그녀는 과거와 현재, 꿈과 현실을 혼동한다.

처음에는 어리석게도 옛날을 잊지 못하는 그녀가 가소롭게만 보인다. 그러나 어느 사이엔가 그녀에게 다시없는 동정을 느끼게 된다. 영광의 자리에 있던 사람이 그 자리에서 떨어졌을 때처럼 비참한 일도 드물다.

더욱 비참한 것은 한때 누렸던 영광의 환상에 사로잡혀 있을 때이다. 돌아오지 않을 영광을 되찾으려 발버둥 칠 때는 처절해 보이기까지 한다. 그런 그녀에게 관객은 연민과 동정을 느끼기도 한다.

사람들은 비가 올 때에는 우산을 대단히 요긴하게 쓰며 소중하게 여긴다. 그러나 비가 멎으면 쓸모없는 애물단지 취급을 하며 귀찮아한다. 이것은 사람들이 박정해서가 아니다. 우리 주변에는 그런 간단한 진실을 모르고 세상을 야속하다고만 여기는 사람들이 많다.

인간은 태어나고,
늙고, 병들고, 죽는다

인간이란 무엇인가를 한마디로 간추려 말하라

옛날에 이집트의 어느 왕이 늘 "인간이란 무엇인가?"하는 의문을 품고 있었다. 아무리 생각해도 신통한 대답이 나오지 않았다. 왕은 전국의 학자들을 불러들여서 "인간이란 무엇인가?"라는 문제를 풀라는 숙제를 주었다.

왕명을 받은 학자들은 10년 후에 간신히 연구를 끝내고 보고서를 정리해 왕에게 바쳤다. 그러나 그동안에 왕은 늙어서 그 방대한 보고서를 다 읽을 기력이 없었다. 왕은 학자들에게 "좀 더 간결하게 결과를 보고하라"라고 명령했다.

학자들은 다시 5년이 걸려서 보고서를 절반으로 줄였다. 그것도 왕에게는 벅찬 분량이었다. 왕은 "좀 더 간결하게 할 수 없겠느냐"라고 학자들에게 요구했다.

3년 후에 학자들은 한 권의 책으로 간추려서 바쳤다.

"나는 도저히 이 책을 다 읽을 수는 없다. 그러니 무엇인가를 한 마디로 간추려 말하라. 인간이란 무엇인가를."

학자들은 이마를 맞대고 토의한 끝에 한 대표가 나서서 죽어가는 왕의 귀에 입을 대고 속삭였다.

"인간이란 태어나고, 늙고, 병들고, 그리고 죽는 존재입니다."

그 말에 비로소 왕은 만족한 듯 빙그레 웃으며 숨을 거두었다.

"인간은 사형선고를 받은 사형수이다"

인간이 죽을 확률은 100%나 된다. 《레미제라블》의 작가 빅토르 위고도 다음과 같은 말을 했다.

"인간은 사형선고를 받은 사형수이다. 그저 무기한 집행유예 상태로 살아갈 뿐이다."

그렇지만 사람들은 다행인지 불행인지 자기가 언제 죽는지를 알지 못한다. 중국의 푸저우福州 지방의 사투리로 미련하고 못난 놈을 '전고노田庫奴'라고 부른다고 한다. 어느 대갓집에 팔삭둥이라는 별명의, 우둔하지만 주인에게 매우 충성스러운 하인이 있었다. 어느 날 주인이 그에게 "팔삭둥이야, 여기 지팡이가 하나 있다. 이 지팡이는 세상에서 제일 미련한 자가 갖는 것이다. 보아하니 네가 제일 이것을 가질 자격이 있는 듯하니 너에게 주겠다"라면서 그 지팡이를 주었다.

몇 해가 지나서 주인이 중병에 걸려 죽게 되었다. 팔삭둥이는 가족들이며 친지들이 병상에서 주인이 드디어 먼 길을 떠나게 됐다고 속삭이는 것을 엿들었다. 팔삭둥이가 궁금해서 주인의 머리맡에 꿇어앉아서 물었다.

"먼 길을 떠나신다니 어디로 여행 가시는 겁니까? 그럼 여행 준비는 되어 있습니까? 언제 떠나시고 어디로 가신다는 건가요? 그리고 언제쯤 돌아오시는 건가요?"

아무리 무엇을 물어도 주인은 대답이 없었다. 팔삭둥이가 답답해서 말했다.

"이제부터 여행하신다는 분이 여행 준비도 안 하시고, 언제 어디로 떠나신다는 것도 모른다, 언제 돌아오시는지도 모른다니. 이런 전고노가 이 세상에 어디 있습니까? 주인님이야말로 이 지팡이를 가질 적격자입니다."

이렇게 말하면서 지팡이를 주인에게 돌려주었다.

오늘은
내가 죽기에 딱 좋은 날이다

부귀와 명예를 갖고도 비참한 죽음을 맞은 명사들

늙은 인디언이 100세가 되는 날 아침이었다. 하늘은 맑게 개었으며, 들에는 상쾌한 바람이 불고 있었다. 그는 자기가 살고 있는 천막 밖으로 나와서 청명한 하늘을 우러러본 다음 맑은 공기를 두세 번 마시고는 미소를 지으면서 중얼거렸다.

"오늘은 내가 죽기에 딱 좋은 날이다."

그다음 날 가족이 걱정이 되어 가보니까, 노인은 입가에 미소를 머금은 채 편안한 얼굴로 숨이 끊어져 있었다. 그것은 누구나 부러워할 만큼 참으로 행복한 죽음이었다. 그러나 모든 사람이 이렇게 죽음을 맞지는 못한다. 우리는 언젠가는 모두 죽기 마련이라는 것을 잘 알고 있다. 그래서 죽음을 두려워하는 것이 아니다. 우리가 죽음을 두려워한다면 그것은 언제 죽음을 어떻게 맞게 되는지를 모르기 때문이다.

안토니오 가우디는 현대 건축사에 찬란히 빛나는 거봉이다. 그는 자기가 설계한 대성당 사그라다 파밀리아의 건설 현장을 둘러보고 돌아오는 길에 전동차에 치여 죽었다.

그보다 더 비참한 것은 현대 건축의 신약성서라 할 만한 루이스 칸의 죽음이었다. 그는 73세 때 인도의 공사 현장을 시찰하고 돌아오는 길에 뉴욕의 펜실베이니아 철도역의 공중화장실에서 죽었다. 유체는 신원이 파악되지 않아서 신원 미상의 행려자가 되어 시청의 사체보관실에 며칠 동안 유치되었다. 이렇게 부귀와 명예를 두루 갖추고 있으면서도 비참한 죽음을 맞은 세계적인 명사들도 있다.

천하의 명의도 천명만은 어찌하지 못한다

확실히 죽음이란 인간이 이해할 수 없는 운명의 장난이라고 여겨지는 경우도 많다. 동양에서는 예부터 이런 것을 하늘의 뜻으로 돌렸다. 합리적으로는 설명할 길이 없기 때문이기도 하다. 옛사람들이 즐겨 쓰는 말에 낙천지명樂天知命이라는 게 있다. 원래는《역경》에 나오는 말이라고 한다.

우리는 흔히 운명이니 운이라고 말하지만, 아무리 노력을 해도 아무리 버둥거려도 어쩔 수 없는 것이 하늘의 뜻이며 하늘의 명이다. 이렇게 불행이며 선악, 운명 모두 하늘의 뜻이라 여기고 순순히 받아들인다면, 어떠한 괴로움이나 불행도 견디어낼 수가 있을 것이다. 이것이 낙천지명의 참뜻이다.

한나라의 고조 유방이 말년에 전쟁터에서 화살을 맞은 상처가 도져서 죽게 되었다. 천하의 명의가 와서 치료하려 하자 유방은 이렇게 말했다.

"내가 일개 미천한 몸으로 천하를 잡게 된 것은 천명이며, 이제 죽음을 맞게 된 것도 천명이다. 사생유명死生有命이니 제아무리 용한 의사라 해도 천명만은 어찌하지 못한다."

유방은 끝내 치료를 거부하고 의사에게 후하게 포상한 뒤 그냥 돌려보냈다. 유방으로 하여금 죽음의 두려움을 이겨낼 수 있게 만든 게 바로 천명이었던 것이다.

모든 것에는 때가 있는 법이다.

인생이란 삶과 죽음 사이에 걸려 있는 다리

인도 마가다국에 랭게라는 절세의 미인이 있었다. 어느 날 그녀가 불현듯 세상살이의 무상함을 느끼고 출가할 것을 마음먹고 석가가 있는 곳으로 갔다. 가는 도중에 물을 마시려 샘터에 다가가니까 자기 모습이 물 위에 비쳤다. 그것은 자기가 보기에도 너무나도 아름다웠다. 그러자 출가한다는 것이 어리석다는 생각이 들어서 오던 길을 돌아가기 시작했다. 그것을 본 석가는 랭게보다 더 아름다운 미녀로 모습을 바꾼 채 길가에서 랭게를 기다렸다.

랭게는 이 여인을 보자마자 당장에 친구가 되어 잠시 샘터에 앉아서 담소를 나누기 시작했다. 그러자 그 미인은 졸리다고 하면서 랭게의 무릎을 베고 잠들었다. 랭게가 그 여인의 아름다운 얼굴을 넋이 나간 채 보고 있는데, 갑자기 미녀의 숨결이 멎고 몸이 썩기 시작했다. 머리카락과 이가 빠지면서 온몸에서 썩는 냄새가 나고 구더기가 생기더니 앙상한 해골로 변했다.

랭게는 그 모습을 보고는 "아무리 아름다워도 죽으면 이렇게 변한다"라는 사실을 깨닫고는 다시 출가하려고 결심했다. 그러자 제 모습을 나타낸 석가는 이렇게 말했다.

"사람은 누구나 늙고, 누구나 죽는 법이다. 친형제도 같이 어울려 즐겁게 살아도 반드시 이별하게 되는 것이다. 아무리 돈이 많아도 그 재산은 언젠가는 반드시 떨어져나간다."

매우 끔찍한 말같이 들리지만 그런 게 인생살이다.

영국의 문호 조셉 애디슨은 이렇게 말하기도 했다.

"인생이란 삶과 죽음 사이에 걸려 있는 다리와 같다. 그 다리를 한 걸음씩 걸어가는 것이 인생이다. 다만 그 다리 밑은 물론 눈앞도 캄캄하다. 그런 불안한 다리를 터벅터벅 걸어가는 게 인생이다."

그러나 그때나 지금이나 사람들은 무엇이 잘 사는 것인지 모르며 살고 있다. 못난 사람이나 잘났다는 사람이나, 모두 마음의 눈을 어둡게 만드는 욕망을 떨쳐버리지 못한다. 눈 깜짝할 사이의 짧은 삶 동안 어떻게 살아야 하는지도 모르는 어리석은 사람들이다. 그의 가르침은 더욱 천금의 무게로 우리를 질타한다.

우리가 '인생'이라고 말하는 것을 장자의 시대에는 흔히 '사생死生'이라고 말했다. 선禪에서도 인생이라는 말을 안 쓰고 사생이라는 말만 사용한다.

큰 곤란에 지지 않는 것이 성인이 갖는 용기

도연명은 이렇게 말한다.

"공자의 제자인 자하子夏는 '장수할 수 있는지, 부귀를 얻을 수 있는지 하는 것은 모두 하늘의 뜻에 따라 결정된다'라고 말했다. 공자로부터 친히 가르침을 받은 사람이 이런 말을 하는 게 무슨 뜻이겠느냐. 그것은 다름이 아니라 운명이라는 것은 아무리 버둥거린다고 해서 바뀌는 것이 아니며, 수명 또한 인력으로는 어쩔 수 없다는 뜻이다."

《장자》의 추수편에 이런 얘기가 나온다.

공자가 광匡이라는 마을에 이르렀을 때였다. 송나라 병졸들이 그를 여러 겹으로 포위했다. 그런데 공자는 조금도 두려워하는 빛도 보이지 않고 가야금을 켜며 노래를 불렀다. 자로子路가 의아해하면서 공자에게 물었다.

"이처럼 어려운 때에 선생님은 어쩌면 그렇게 한가로이 노래를 부르실 수 있습니까?"

공자가 대답했다.

"나는 예전부터 막히는 것을 오랫동안 피해왔다. 그러나 피할 수 없는 것이 운명이다. 또 오랫동안 내가 마음먹은 대로 되기를 바라왔다. 그러나 마음대로 되지 않는 것은 때를 아직 못 만난 탓이다. 위대한 요순堯舜 시대에 한 사람도 곤궁한 사람이 없었던 것은 모두가 현명했기 때문이 아니다. 폭군인 걸桀과 주討의 시대에 마음먹은 대로 한 사람이 한 명도 없었던 것은 모두가 어리석었기 때문이 아니었다. 때를 잘못 만난 때문이었다.

　그리고 뜻대로 안 되는 것도, 소망을 이루는 것도 모두 때를 잘 만났느냐 아니냐 때문이라 여기고, 큰 곤란에 지지 않는 것이 성인이 갖는 용기이다. 자로야, 침착하게 있어라. 나에게는 하늘이 정해주신 운명이 있다. 당황하지 말고 자기 운명을 따르면 되지 않겠느냐."

하늘의 뜻인가,
인간의 탓인가?

하늘을 탓하는 것은 인생 낙오자들의 어설픈 변명

"운명의 신은 여신이니까 그녀를 휘어잡으려면 힘세게 다룰 필요가 있다. 운명은 새침 부리며 냉정하게 대하는 사람보다 정복하려는 욕망을 드러내고 있는 사람에게 더 끌리는 듯하다. 요컨대 운명은 여자와 같아서 젊은이의 친구이다. 젊은이는 사려가 깊지 않기 때문에 나중 일은 생각하지 않고 보다 격렬하게, 보다 대담하게 여자를 지배하려 든다."

마키아벨리의 말이다. 물론 사람의 운명이란 뜻대로 되는 것은 아니다. 관 뚜껑을 닫고 난 다음에야 비로소 그의 인생에 대해 평가할 수 있다고 두보가 말한 것도 이런 뜻에서였을 것이다.

우연과 필연으로 얽이는 사람의 운명이란 참으로 야릇하다. 합리적으로 해석되는 부분보다 비합리적으로 해석되는 부분이 더 많다고 여겨질 때가 많다.

그러나 궁극적으로 운명을 설계하는 것은 결국 자기 자신이다. 하늘을 탓하는 것은 인생 낙오자들의 어설픈 변명에 지나지 않는다.

그런데 단순히 남들처럼 돈을 크게 벌지 못했다거나 출세를 하지 못했다고 '인생의 낙오자'라 말할 수 있을까? 사람은 누구나 꿈과 욕망을 지니고 산다. 그러나 하잘것없고 지극히 무미하고 평범하다 해도 마음 편히 오래 사는 것만큼 인생에서 좋은 것은 없을지도 모른다.

죽음을 두려워하는 것은 누구나 똑같다

"어느 사람의 하루는 다른 사람의 몇 년과 맞먹는다."

이렇게 말한 로마의 철학자 세네카는 네로의 가정교사였지만 네로가 악정을 거듭하자 거침없이 간언을 했다. 그런 세네카가 짐스러워서 네로는 사형을 선고했는데, 세네카는 스스로 목욕탕에 들어가 손목을 끊고 자살했다. 그는 생전에 이런 말도 남겼다.

"얼마나 오래 살았느냐가 아니라 어떻게 살았느냐가 문제이다."

사실은 수명의 길이가 중요한 게 아니다. 삶의 질이 중요한 것이다.

사람이 70세까지 산다면 지구 위에서 613,200시간을 사는 셈이다. 이 시간 동안 목표를 뚜렷하게 세우고 치밀하게 계획을 짜고, 많은 좌절과 시행착오를 이겨나가면서 열심히 일했는데도 목표에 이르지 못하는 경우도 있다.

1년 내내 쉬지 않고 열심히 논밭을 갈아도 뜻하지 않은 천재지변으로 농사를 망치는 경우도 있다. 운이 따르지 않은 것이다. 그래서 운명은 하늘에 맡긴다는 뜻의 '청천유명聽天由命'이라는 말도 나왔다.

다만 이 말은 아무 목표도 없이 덧없이 살아가라는 뜻이 아니다. 마지막 순간까지 마음을 놓지 말고, 서두르지도 말고, 들뜨지도 말고, 열심히 일하고, 그런 다음에 나머지는 하늘에 맡긴다는 뜻이다.

행운을 바라는 것은 좋다. 콜럼버스가 스페인을 떠날 때, 그 역시 행운을 바랐다. 그렇지만 행운에 의존하지는 않았다.

모든 것을 운명의 탓으로 돌릴 수밖에 없는가?

장마가 10일 동안 계속되고 있었다. 가난한 자상子桑이 병에 걸렸다는 소식을 들은 자여子與는 친구가 얼마나 괴로워하고 있을까 걱정돼 음식을 장만해 찾아갔다.

자상의 집에 이르자 자상이 가야금을 켜며 노래를 하는 소리가 들리는데, 그 소리가 어찌나 비통하게 들리는지 노래를 부르는 게 아니라 마치 흐느껴 우는 것만 같았다. 가만히 들으니, "부모인가 하늘인가 아니면 사람인가" 하는 말이 들렸다. 내가 이렇게 처량한 신세가 된 것은 부모의 뜻인가, 하늘의 뜻인가, 아니면 인간의 탓인가 하는 뜻인 듯했다.

자여가 방에 들어와서 조심스럽게 물었다.

"자네 왜 그렇게 구슬피 노래를 부르고 있는가? 무슨 서글픈 생각이라도 났는가?"

자상이 대답했다.

"별로 슬퍼하고 있는 것은 아니네. 그저 나를 낳아주신 부모는 처음부터 나를 이처럼 가난하게 만들 생각은 없으셨을 것이네. 또 내가 이런 병을 앓게 되리라고도 생각하지 않으셨을 것이네.

부모가 자식의 불행을 바랄 까닭이 없는 만큼 부모의 탓은 아닐 것이네. 그런데도 내가 이 지경이 된 것은 아마도 천명이겠지. 그렇다고 하늘이 나만을 차별해서 가난하게 만들려 하지는 않았을 것이네. 아무리 생각해봐도 누가 나를 이처럼 가난하게 만들었는지 알 수가 없네. 결국 모든 것을 운명의 탓으로 돌릴 수밖에 없나 보이."

《장자》에 나오는 이야기이다.

자식들에게
유언을 남기다

도연명의 유언

도연명에게는 배 다른 아들이 다섯 명이나 있었다. 그러나 모두 한결같이 출중하지 못했다. 그의 '자식을 책한다'라는 시에도 이렇게 노래하고 있다.

"머리가 흰머리로 뒤덮히고, 살결은 윤기를 잃고 쭈글쭈글해졌다.

아들이 다섯이나 있는데 모두가 한결같이 공부를 싫어한다.

큰아들은 16세나 되었는데도 천하의 게으름뱅이, 둘째는 15세가 다 되어가는데도 문장이며 학문을 좋아하지 않는다. 셋째와 넷째는 둘 다 13세가 되는데 아직도 여섯과 일곱의 구별조차 하지 못한다. 막내도 곧 아홉 살이 된다는데도 배를 달라 밤을 달라 졸라대기만 한다.

이런 것도 내 팔자라면 잠시만이라도 술을 마시며 마음을 달래 보자꾸나.

이런 아들들에게 무슨 말을 남길 수가 있을까? 그는 죽음을 앞두고 다음과 같은 유훈을 남겼다.

"살아가노라면 반드시 끝이 있는 법이다. 이것이 인생의 운명이다. 옛적부터 어떤 성현이라도 이런 운명을 벗어나지는 못했다.

나도 이제 50이 지났지만 젊었을 때부터 고생스럽게 살아왔으며, 살기 위해 어쩔 수 없이 여기저기 떠돌아다니면서 일자리를 구했다. 그러나 워낙 고집이 세고 재능도 부족했기 때문에 주위 사람들과 잘 어울리지 못하고 내가 하고 싶은 대로 하면 꼭 마찰을 일으키곤 했다. 그렇다고 해서 알량한 벼슬자리라도 내놓으면 어린 너희들을 굶주림과 추위에 떨게 만들게 된다.

옛날에 유중孺仲이라는 사람은 아내의 말에 힘입어 은자의 길을 관철했다고 한다. 나도 그 얘기에 감동을 받아서 누더기 옷을 걸쳐 입는 생활에 만족하고 있다. 그렇다고 자식들에게 미안스러워하지는 않는다. 이렇게 말은 하지만 내 이웃에 구중求仲과 양중羊仲 같은 은사가 살고 있는 것도 아니며, 집안에 노래자老萊子의 아내와 같은 현처가 있는 것도 아니다. 이렇게 생각하면 역시 좀 서운한 생각도 들고, 일이 손에 잘 잡히지 않을 때도 있다.

나는 소년 시절부터 독서를 좋아하고 조용한 환경을 사랑했다. 책을 읽다가 무엇인가 얻는 바가 있으면 기뻐서 밥 먹는 것도 잊을 정도였으며, 시간의 흐름과 함께 나무 그늘이 달라지는 것을 바라보거나, 새들의 여러 가지 울음소리를 듣기만 해도 마음이 기뻐지기도 했다. 그래서 곧잘 '이른 여름에 북쪽 창가에 누워 있는데 시원한 바람이 불어온다. 그런 때에는 태고의 소박한 생활로 돌아간 듯한 기분이 난다'라고 말하기도 했다.

그러나 생각도 얄팍하고 지식도 부족한 채로 세월만이 덧없이 흘러가고 있다. 옛일을 생각해내려 해도 이제는 기억도 분명치 않다. 특히 큰 병을 앓고 난 다음부터는 한층 더 노쇠해졌다. 다행히도 친척이며 지인들의 따뜻한 배려로 연명하고 있기는 하지만, 하늘로부터 받은 수명도 이제 다 해가는 것 같은 생각이 든다.

이쯤 되어보니 무엇보다도 마음에 걸리는 것은 너희들이다. 아직 어린 데다 집안도 가난해서 집안 살림의 잡일에 매달리는 신세이다. 언제나 너희들이 그런 신세로부터 해방될 수 있겠는가. 말로는 하지 않지만 생각할수록 마음이 아프다."

소의의 유언

소의蕭嶷는 중국 남북조 시대 남제南齊의 초대 황제의 둘째 아들이며, 형이 2대 황제가 되자 그를 보좌하여 남제의 기틀을 단단히 다졌다. 그는 임종을 앞두고 자기 두 아들에게 다음과 같은 유서를 남겼다.

"사람은 누구나 살다가 죽기 마련이다. 나는 이미 연로하여 앞으로 얼마나 더 살지 모른다. 내가 오늘 이 자리에 있는 것은 내가 바라던 바는 아니다. 무엇이나 내 주머니에 넣고 싶어 하는 것과 같은 삶의 자세는 어릴 때부터 나는 싫어했다. 다 늙은 이제 와서 한 가지 마음에 걸리는 것은 너희들 형제에게 딸린 식구가 많다는 것이다. 내가 죽은 다음에는 서로 도와가며 의좋게 살아가기를 바란다.

재능에는 우열이 있으며, 지위에는 높고 낮음이 있기 마련이다. 또 운과 불운이 따른다는 것도 자연의 이치이다. 자기가 좋은 처지에 있다고 해서 좋지 않은 처지에 놓여 있는 사람을 얕보아서는 안 된다. 다행히도 너희들이 하늘의 가호를 받아서 제각각 자립하는 길을 걸어갈 수 있다면 지금의 혜택 받은 신분을 언제까지나 잃지 않게 될 것이다. 그러기 위해서는 다음의 네 가지를 지켜야 한다.

첫째로 열심히 학문을 하고 행실을 조심스럽게 하라.

둘째로 부여된 직책을 충실히 이행하라.

셋째로 가정을 잘 다스려라.

넷째로 검소한 생활을 하라.

이 네 가지만 지킨다면 아무 걱정도 없다.

장례를 치를 때에는 제단에 올리는 것은 향과 물, 그리고 밥과 건육乾肉과 빈랑檳榔만으로 충분하다. 1일과 15일에는 밥 한 그릇과 단 과일을 올릴 것. 그 이외에는 아무것도 필요치 않다. 장례가 끝나면 늘 사용하던 수레와 의장용 우산은 남에게 주는 게 좋다.

나는 재능에 있어 옛사람을 멀리 따르지 못하며, 또한 학문을 배우는 열의도 자못 모자랐지만 너무 많은 재산을 남겨서 화근을 만드는 일만은 하지 않았다.

내가 미처 하지 못한 일이란 손아래 동생들을 결혼시키지 못한 것이다. 그 밖에는 내가 해야 할 일들은 모두 깨끗이 처리한 셈이다. 이 밖에도 말해둘 것은 많지만 그만두겠다. 관이며 무덤 속에 너무 많은 부장품을 넣어서 장래의 화근을 만들지 않도록 해라. 예복 이외에는 칼 한 자루만 넣으면 된다. 무덤은 너무 깊이 팔 필요가 없다.

모두 마련된 규정을 따라 하고 도를 지나치지 않도록 하라. 내가 몸에 지니고 있던 복식服飾이며 가죽옷들은 모두 사람들에게 나눠

주도록 해라."

육유의 유언

육유는 29세에 과거에도 합격하고 뛰어난 시인이었지만 공교롭게도 당시의 세력가인 재상의 미움을 받아 관운과는 멀리 평생토록 말단직에 머무르는 불행한 일생을 보냈다.

그래서 자식들에게는 농사를 짓고 마음 편히 사는 게 제일이라고 일렀다.

"사회는 날이 갈수록 어지러워지기만 하고 앞으로 어떻게 될지 걱정이다. 다행히 나는 이미 늙어서 죽을 때가 다가왔다. 설사 좀 더 오래 살 수 있다 해도 두 번 다시 관직 따위는 하지 않겠다. 그러나 저러나 마음에 걸리는 것은 자손의 앞날이다. 그래서 아무래도 너희들에게 똑같은 말을 되풀이하지 않으면 안 되겠다.

우리 집안은 대대로 농사를 지어왔다. 너희들도 농사를 지으며 생계를 잇는 것이 제일 좋겠다. 그게 어렵겠다면 두문불출하면서 학문의 연구에 몰두하고, 혹 추천을 받더라도 관직은 맡지 않는 게 차선의 길이다. 이것도 어렵겠다면 말단직을 감수하고 그 이상의 출세를 하지 않는 것이 바람직하다. 그 밖의 길은 생각할 수가 없다.

너희들은 이 말을 명심하고 부디 다른 길을 걷겠다는 생각은 하지 마라. 왜 내가 이런 말을 하는지는 언젠가 너희들도 알게 될 날이 올 것이다. 틈을 봐서 형제가 모여서 서로 충고를 나누도록 하라. 단 다른 사람들에게까지 같은 삶의 길을 걸으라고 강요할 필요는 없다.

나는 조상의 유산을 물려받은 덕분에 그다지 가난하지 않게 살수가 있었다. 아마 중류 정도의 생활이라 할 수 있을 것이다. 벼슬자리에 오르고 순탄하지만은 않았지만 그렇다고 해서 언제나 남에게 뒤진 것도 아니다. 그러나 지난날을 돌이켜보면 몸에 날아오는 불길을 굳이 피하려 하지 않았으며, 또한 천분도 모자란 데다 봉급을 타면 당장에 써버리곤 했다.

이제는 관직에서 물러난 지 오래되어 찾아오는 사람도 드물기는 하지만 지금의 상태에 매우 만족하고 있다. 남들은 알아주지 못하겠지만 너희들만은 이 심정을 잘 이해해주리라 생각한다."

육유는 죽음을 앞두고 이렇게 일렀다.

"장례식에 돈을 쓴다는 것은 살아 있는 사람에게나 죽은 사람에게나 조금도 도움이 되지 않는다는 것은 예부터 많은 위인들이 말해온 바이다. 내 집안은 원래 가난하기 때문에 그런 생각을 가져본 적이 없지만, 관도 집안 형편이 용서하는 범위 내의 것으로 마련하면 충분하다. 영파寧波나 항주抗州의 항구에 일본 배가 왔을 때 3만 전만 주면 제법 훌륭한 관을 얻을 수 있을 것이다. 무리를 해서 분수에 넘치는 관을 구하려 한다면 살아남은 사람들이 의식 걱정을 하게 될지도 모른다.

　이것은 내 유언이 될지도 모르는 것이니, 너희들은 지금 내가 한 말을 잘 지키고 주위 사람들이 뭐라 해도 귀담아듣지 마라. 관 따위는 한번 땅속에 묻히고 나면 좋고 나쁘고의 분간을 할 수 없는 것이다."

메멘토 모리,
죽음을 기억하라!

"너무 늦었다. 충성스러운 놈아!"

로마 황제 네로 – 반란의 불길을 피해서 초라한 차림으로 4명의 부하와 함께 도망치다 결국 자살을 결심하고 측근의 손을 빌려 단검으로 목을 찔렀다. 부하가 피가 흐르는 상처를 막으려 하자 이렇게 말하며 죽었다.

"짐은 죽는 데 몹시 많은 시간이 걸렸다. 모두들 나를 용서해다오."

영국 왕 찰스 2세 – 55년의 짧은 인생을 파란만장하게 살고 죽으면서 남긴 마지막 말.

"짐이 보증한다. 죽는다는 것은 조금도 어려운 일이 아니다."

프랑스 왕 루이 14세 – 제멋대로 살고 영광 속에서 죽으면서 애인에게 남긴 말.

"인생의 서글픈 유희는 이리하여 끝난다."

영국의 시인 포프 – 어릴 때에는 장난감과 인형놀이에 도취되고, 자라서는 명예며 부에 마음이 팔리고, 늙어서는 기도 책에 나를 잊는다. 모든 게 부질없는 일이며 끝내는 지쳐서 잠든다.

"아니네. 나는 내 장례식 때를 위한 연습을 하는 중이라네."

체스터필드 – 죽기 며칠 전에 말을 타고 외출하다 길에서 만난 친구가 "산책 중인가?"라고 물었을 때 이렇게 대답했다.

"죽어가는 사람에게는 무엇 하나 힘들단다."

벤저민 프랭클린 – 84세에 노쇠하여 침대에 누운 채 힘들어하는 그에게 딸이 "몸을 좀 돌려 누우면 호흡이 편해져요"라고 말하자 이 말을 하고 숨을 거두었다.

"이제 됐다."

칸트 – 미숙아로 태어난 그가 80세까지 장수할 수 있었던 것은 운동, 절제, 규칙적인 생활 덕분이었다. 그는 매일 새벽 5시 기상, 루소의 초상화가 걸려 있는 서재에서 커피 2잔을 마시고 식사와 강의, 정확히 오후 3시 반에는 산책, 그리고 사색과 집필을 마치면 어김없이 저녁 10시에 잠자리에 들었다. 이를 어긴 것은 단 한 번 루소의 《에밀》을 밤늦게까지 읽은 날뿐이었다.

병상에 누운 그는 제자가 따라준 국화주 한 잔을 마시고는 "이제 됐다"라는 한마디를 남기고 숨을 거두었다.

"깊이, 그리고 심원하게."

스탈 부인 - 자유주의 사상 때문에 오랫동안 망명 생활을 하다 나폴레옹이
실각한 후에 귀국했지만 2년 후에 죽었다. 임종 때 병원에서 "주무실 수 있겠
어요?"라고 묻자 이렇게 말하고 숨을 거두었다.

"친구들이여, 박수를 쳐라. 희극은 끝났으니까!"

베토벤 - 귀가 멀었다는 사실을 알고 자살 직전까지 간 그를 살린 것은 예
술이었다. 늑막성 감기에 걸려 4번째 수술을 마친 그는 친구에게 이 말을 남
겼다.

"이 얼마나 아름다운 날인가."

러시아 알렉산더 황제 - 시종이 창의 블라인드를 내리려 했을 때 창틀 사이
로 들어오는 햇살을 받으며 감동하듯 말했다.

"죽는다는 것쯤은 아무렇지 않게 생각하지만 ... 사랑하는 사람
을 남겨두고 간다는 게 마음에 걸리긴 한다. 자아, 그러면 잠이
나 잘까?"

바이런 - 여성 편력으로 세상의 비난을 받게 되자 유럽 각지로 방랑하다 열

병에 걸려 죽을 때 사랑하는 딸을 생각하며 남긴 말이다.

"써라, 써라, 종이… 연필……."

하이네 – 유전성 신경통에 시달리면서 40세 이후에는 거의 병상에서 살았다. 10년 가까이 빈사 상태로 있던 그는 마지막 반년을 간병해오던 여성 팬에게 이런 말을 남기며 생을 마쳤다.

"생명은 끝이다. 숨 쉬는 게 괴롭다. 무엇인가가 나를 분쇄하고 있다."

푸시킨 – 나탈리아라는 절세의 미녀와 사랑에 빠졌는데, 프랑스의 한 장교와 그녀의 관계를 오해했다. 그는 그 장교와 결투를 신청했다가 피를 흘리며 쓰러졌다. 그는 나탈리아를 불러서는 한동안 시골에 가서 살다가 나중에 좋은 남자와 결혼하라고 말하고는 숨을 거두었다.

"비앙숑, 비앙숑! 그를 불러와라. 그가 나를 살릴 거야."

발자크 – 비앙숑은 《인간희극》 속에서 기적적으로 환자들의 목숨을 살리는 의사 이름이다. 자기 소설 속의 의사를 부를 만큼 살고 싶어 했다는 해석도 있지만, 소설과 현실을 혼동할 만큼 위중한 상황에서 한 말이라는 풀이도 있다.

"아아, 죽음, 죽음!"

조르주 상드 – 쇼팽, 리스트, 뮈세 등 당대 천재들과 화려한 연애 행각을 펼치던 상드는 만년에 시골에서 "착한 마나님"이란 소리를 들으면서 조용히 지냈다. 하지만 임종 때는 이렇게 괴로워하면서 마지막 말을 남겼다.

"나에 대한 추억으로 모차르트의 곡을 들려주세요."

쇼팽 – 9년이나 동거 생활을 했던 조르주 상드와의 연애가 파국을 맞이한 다음에 폐결핵으로 죽으면서 남긴 말이다.

"나의 클라라 … 난 알고 있단다."

슈만 – 신경병을 앓고 망상으로 라인강에 투신자살을 꾀했다가 구조 받고 정신병원에 입원했다. 그러나 병은 악화되기만 하고, 죽기 전날 병원으로 달려온 아내 클라라와 마지막 포옹 때 속삭인 말이다.

"너희들 둘은 이번 여름에 아름다운 곳에 가야 하지 않겠니?"

클라라 슈만 – 남편을 정신병으로 잃고 난 다음에 그녀는 두 아들을 훌륭히 키웠다. 그녀는 의식이 몽롱해지는 가운데 아들들에게 이렇게 말하고 세상을 떠났다.

"잠들 수 있다. 이제 간신히 나는 잠잘 수가 있겠다."

알프레드 드 뮈세 - 조르주 상드와의 사랑도 깨지고, 자신의 깊은 상처를 시작과 극작으로 이겨내며 자유분방한 생활을 했다. 만년에는 병에 걸리고 고독한 가운데 이런 말을 남기고 세상을 떠났다.

"안나야. 기억해다오. 나는 너를 열렬히 사랑해왔단다. 단 한 번도 배신한 적이 없었으며, 배신을 생각해보지도 않았단다."

도스토옙스키 - 안나는 도스토옙스키의 두 번째 아내이며, 나이가 20세 가까이 차이가 났다. 그는 죽는 날, 안나의 손을 잡고 이런 사랑의 말을 남기고 이승을 떠났다.

"카를(마르크스), 난 이젠 더 기운이 없어요."

카를 마르크스의 부인 예나가 숨을 거두면서 남긴 말이다. 그녀의 장례식에서 엥겔스가 "남을 행복하게 만들면서 자기의 최대 행복을 발견한 여성이 있었다면, 그 주인공은 바로 이 부인이었습니다"라고 추모했다. 찢어지게 가난한 생활과 탄압 속에서도 항상 주위 사람들에게 미소 짓고, 암에 걸린 다음에도 웃음을 잃지 않고 남편을 보필했다.

"어떤 일이 일어나도 그러마."

요한 스트라우스 – 왈츠곡이 은은히 흐르는 병실에서 "조용히 주무세요"라
는 간호사의 말에 이렇게 대꾸하며 눈을 감았다.

"음, 이것 맛있군. 고맙다."

브람스 – 숙기 직전에 손에 든 포도주를 맛있게 마시고 숨을 거두었다.

"난 이런 식으로 죽고 싶다."

고흐 – 크리스마스이브에 면도칼을 들고 쫓아오는 고흐를 보고 고갱이 도망
쳤다. 자기혐오에 빠진 고흐는 손에 든 면도칼로 자기 귀를 잘라버린다. 그러
고는 스스로 정신병원에 들어간다. 사랑하는 동생 테오가 결혼을 하자 더욱
깊은 고독감에 권총 자살을 시도한다. 사고 소식을 듣고 달려온 동생 테오가
"살아난다"라고 말하자, "아무것도 안 된다. 슬픔은 언제까지나 계속될 것이
다… 난 이런 식으로 죽고 싶다"라고 말하면서 편한 모습으로 죽었다.

"전혀, 그 반대다."

입센 – 30년 가까운 방랑 생활 끝에 63세에 조국에 돌아왔지만 얼마 후에
병들어 눕게 되었다. 의사가 병세가 호전되고 있다고 말하자, 이렇게 말하면
서 숨을 거두었다.

"사랑을 하세요."

사라 베르나르 – 〈춘희〉만도 3천 번 이상이나 공연한 프랑스의 여배우. 그녀가 위독하다는 소식에 보도진이 몰려왔다는 얘기를 듣고 "저 사람들이 지금까지 줄곧 나를 쫓아다녔는데, 이번에는 내가 저 사람들을 감질나게 만들어야지"라고 중얼거리며 같은 극단의 젊은 배우의 머리를 쓰다듬었다.

"어머니, 어머니."

아나톨 프랑스 – 동맥경화로 쓰러져서 죽을 때까지의 2년 동안의 생활을 "죽음이란 여간 손이 가는 게 아니로구먼"이라고 투덜거리면서 남긴 말이다.

"이제 더는 이 골동품을 그렇게 소중히 여기지 않아도 된다."

버나드 쇼 – 95세에 죽을 때 자신을 돌보던 간호사에게 남긴 말이다.

"꽤나 오랫동안 샹팡(샴페인)을 마시지 않았지."

체호프 – 그는 결핵을 앓고 있으면서도 여기저기 요양지를 전전하며 여행을 즐겼다. 마지막으로 독일에서 여배우 출신의 아내 올리가에게 "난 이제 죽는다"라고 중얼거리는 동안, 그녀가 의사의 지시에 따라 샴페인 잔을 들어 올리자 병상에 누운 채 바라보면서 남긴 마지막 말이다.

"저세상은 참으로 아름답다."

에디슨 – 혼수상태에 빠져 꿈속을 헤매고 있었는지, 눈을 뜨자 이 말을 남기고 다시 깊은 꿈속으로 들어가듯 숨을 거두었다.

"이제 됐어요, 나를 조용하게 놔두세요."

퀴리 부인 – 임종하려는 순간, 주사를 놓으려는 의사를 말리며 이렇게 말했다.

"에리, 가까이 오지 마… 그렇게 가까이 오지 마. 그래, 그러면 됐다."

카프카 – 그는 자신이 앓고 있는 결핵이 다른 사람들에게 전염될까 부단히 염려했다. 임종하면서 병상에서 자신을 돕던 친구를 여동생으로 착각해 가까이 오지 못하게 했다.

"나와 내 아내는 항복이니 포로니 하는 오명을 면하기 위해 죽음을 택한다. 내가 국민을 위해 2년간 주야로 일해온 장소에 당장 매장해주기를 바란다."

히틀러 – 베를린이 함락되자 죽음을 각오한 히틀러는 정부 에바 브라운과 결

혼식을 올린 후 자살을 결행했다. 그리고 측근들에게는 자신들의 시체가 적
군들에게 발견되지 않도록 철저하게 화장해달라고 부탁했다.

"이제 싫증이 났다."
처칠 – 90세 나이에 숨을 거둘 때 사위에게 마지막으로 남긴 말이다.

"세비앙(좋다)."
지드 – 폐결핵으로 죽음이 임박한 것을 예감한 그는 "천국에서 나 자신은
서광이 아름다운 자리에 놓일 것이다"라며 병상을 둘러싼 사람들에게 이렇
게 한마디를 남기고 죽었다.

"아아, 로베르야! 매우……."
프루스트 – 어릴 때부터 천식에 시달려온 프루스트는 코르크를 바른 방 안
에 머물면서 《잃어버린 시간을 찾아서》를 10여 년에 걸쳐 완성하자 기진맥진
했다. 동생 로베르가 병상에 누운 형에게 "괴로워?"라고 묻자, 이렇게 말하면
서 숨을 거두었다.

홍사중의 메멘토 모리

초판 1쇄 인쇄 | 2020년 3월 20일
초판 1쇄 발행 | 2020년 3월 23일

지은이 | 홍사중
펴낸이 | 황보태수
기획 | 박금희
마케팅 | 유인철
디자인 | 디자인 붐
교열 | 양은희
인쇄 · 제본 | 한영문화사

펴낸곳 | 이다미디어
주소 | 경기도 고양시 일산동구 정발산로 24 웨스턴타워 1차 906-2호
전화 | 02-3142-9612
팩스 | 070-7547-5181
이메일 | idamedia77@hanmail.net
블로그 | https://blog.naver.com/idamediaaa
페이스북 | http://www.facebook.com/idamedia
인스타그램 | http://www.instagram.com/ida_media
네이버 포스트 | http://post.naver.com/idamediaaa

ISBN 979-11-6394-028-9 03190